微信公众平台，这样玩最赚钱

营销推广+盈利技巧+应用实战

姜仁◎著

人 民 邮 电 出 版 社
北 京

图书在版编目（CIP）数据

微信公众平台，这样玩最赚钱 ：营销推广+盈利技巧+应用实战 / 姜仁著. -- 北京 ：人民邮电出版社，2015.10（2017.7重印）
ISBN 978-7-115-40315-5

Ⅰ. ①微… Ⅱ. ①姜… Ⅲ. ①网络营销 Ⅳ. ①F713.36

中国版本图书馆CIP数据核字(2015)第204678号

内容提要

当前微信已成为人们生活中不可或缺的一部分，可能你每天入睡前做的最后一件事就是刷微信朋友圈，醒来后的第一件事还是刷微信朋友圈。因此微信带来的市场是巨大的，微信带来的商机是无限的，而与微信牢牢地绑在一起的微信公众平台，就是其中最具潜力的商机之一。微信公众平台是个人、企业一个新的展示平台和盈利平台，所以一定要牢牢抓住它，并有技巧地运营它，使之成为个人、企业成功的一股强大助力。

本书共分8章。第1章主要介绍了微信公众平台的基本知识；第2～3章介绍了如何建立微信公众平台，如何进行微信公众平台的二次开发；第4～7章是本书的核心内容，分别介绍了微信公众平台内容写作技巧、如何吸粉、如何选择最合适的盈利模式、如何进行营销等内容；第8章从衣、食、住、行、乐等方面，详细介绍了15个微信公众平台运营的典型案例。

本书图书并茂，文字通俗易懂，重方法、重实例、重干货，力求帮助读者一看就懂，一学就会，适合普通大众以及所有对微信公众平台运营感兴趣的人群阅读。

◆ 著　　　　姜　仁
责任编辑　郑冬松
责任印制　周昇亮
◆ 人民邮电出版社出版发行　　北京市丰台区成寿寺路 11 号
邮编　100164　　电子邮件　315@ptpress.com.cn
网址　http://www.ptpress.com.cn
北京京华虎彩印刷有限公司印刷
◆ 开本：700×1000　1/16
印张：16.75　　2015 年 10 月第 1 版
字数：276 千字　　2017 年 7 月北京第 7 次印刷

定价：43.80 元

读者服务热线：(010)81055296　印装质量热线：(010)81055316
反盗版热线：(010)81055315
广告经营许可证：京东工商广登字 20170147 号

前言

玩不转微信公众平台，别说懂微信

当前网络营销最火爆的是什么？相信10个人中有9个人会说是微信营销。在互联网中，有人说微信是天生为互联网而生，天生来拯救中小企业的平台。的确，这样一个一对一的精准对话模式和信息推送，它的出现，的确让以前不敢想象涉入互联网营销的中小企业看到了商机，看到了微信营销带来的美好“钱”景。

不知道从什么时候开始，我们身边的企业等单位以“忽如一夜春风来”的节奏，纷纷开通了微信公众号。我们买的产品的包装、使用说明书、退货单上面都有一个黑白方块组成的微信二维码，这些二维码变换着形式吸引我们打开手机微信去扫描并且关注它。当你关注了企业的微信公众号之后才发现，这是一个看似很小，但是却大得离谱的世界，在这个平台中，企业的产品、服务、会员管理、预订、购买、优惠等一样都不缺，甚至还有专人在等候着与你一对一地对话和互动。

你会发现自己不需要再去实体店，通过微信就可以直接办理业务、预订房间、查询信息，同时还能在第一时间获得企业的最新动态和打折优惠等促销活动。美丽说、唯品会、携程、招商银行等各行各业中一个又一个的微信营销成功案例，让更多的企业对微信公众号平台的营销产生了兴趣，于是企业纷纷探究如何建立公众号、如何吸引粉丝、如何盈利。对于更多商家而言，利用微信公众号来营销还是一门全新课程，这其中需要不断学习和探究。而本书的主要意图就是引导用户玩转公众号，帮助用户实现微信营销盈利的最大化。

本书针对当前微信营销的热门趋势，为读者打开了一扇可以轻松进入微信营销的大门。

本书从读者的角度出发，给读者呈现出了一个流畅连贯的脉络。本书先从微信公众号的概念、作用和模式出发，介绍了如何建立微信公众号、如何二次开发等内容；接下来又介绍了如何打造微信公众号、吸引粉丝积累用户基数等内容；吸引了粉丝之后，接下来就是微信公众号的实际盈利价值，本书从实际意义出发，对如何利用微信公众号获得实际的利益等内容做了详细介绍。当然，本书也根据用户微信公众号的特点介绍了如何从头到尾地销售产品，其中的技巧和方法讲解清晰、可操作性强。最后，本书详细介绍了一些在“衣食住行”等行业的具体成功案例，读者从中可以获得一些启发和微信营销的技巧。

作者运用通俗语言，在叙述方法时，有案例作为点缀，让读者可以在案例中强化方法，深刻记忆；在叙述企业时，加入一些方法，让读者可以巧妙融合在自己的企业中。总之，本书通俗易懂，方法易于消化，更易于现学现用，对中小企业来说，可谓是一本既注重实战技巧，又传授实实在在方法的书。

在现代的信息大数据社会中，企业如果还故步自封，停留在传统的营销手段和方法中，那么不但会失去更多的市场份额，还会逐渐被人们遗忘。开通微信公众号，可以让企业快速融入互联网的大趋势中，让企业的品牌、产品、服务有效地传播出去。因此，微信营销有它不可替代的价值和作用，就连那些所谓的互联网大佬们也都在微信营销面前自叹不如，谦虚加入。小米手机的销售暴涨、发烧友对其的热烈追捧离不开微信公众号的鼎力相助；京东商城的各种“大趴”节日促销，也离不开微信公众号的推广和宣传；叫个鸭子之所以能够红透北京城，成为没有实体店却依然能够家喻户晓的快餐企业，可以说微信的功劳最大……这一切都证实，微信公众号在营销中不可替代的力量和位置，同时，这也说明微信公众号从来都不是大企业的标签，任何一个中小企业，甚至个人，都可以有自己的公众号，通过微信公众号，哪怕再小的品牌也有机会“高大上”。

因此，企业必须要建立微信公众号，这是企业的发展需求，更是互联网未来发展的趋势。只要你按照本书中的做法，再发挥自己的创意和想象，相信能够在微信营销中获得成功！

目录

第一章 不懂微信公众号，你 OUT 了

第二章 微信公众号这么建

第二章
微信公众号这么建

第三章 二次开发，定制专属你的公众平台

第四章　内容为王，不精彩怎么行！

第五章 粉丝经济，“吸金”从“吸粉”开始

第六章 “钱”景无限的微信平台盈利技巧

第七章 不懂销售，你的公众号就白开了

第八章 实战案例，当营销童话照进现实

第一章

不懂微信公众号，你 OUT 了

如果你还不懂什么是微信公众号，那么就真的 OUT 了！不要说你懂微信，就等于懂微信公众号。微信在微信公众号面前实属“小儿科”，真正能够迎合互联网大数据信息时代的营销方式还应该是微信公众号。所以，本章就从微信公众号是什么开始，一步步介绍这个强大的营销平台。

1.1 微信公众号是什么

微信的出现，改变了人们的沟通方式，改变了生活，在商业圈中，更改变了营销。的确，微信如今已经在商业营销领域占据了不可替代的位置，每个做营销的人，都应该明白一点：微信公众号将会是在移动互联网大数据发展下的一个最有效的营销工具。

» 1.1.1 什么是微信公众号

什么是微信公众号？很多人可能对微信营销的概念还不是很了解，或者一提起微信营销，首先想到的是朋友圈。事实上，微信公众号才是微信营销的核心和根本。

微信公众号是开发者或者商家在微信公众平台上申请的一个应用账号。这个账号可以与 QQ 账号、手机号码等互通。商家通过公众号可以在微信平台上实现与粉丝之间的文字、图片、语音、视频等全方位互动，并且形成一种线上线下的微信互动营销方式。

通俗来说，微信公众号就是将企业官网、网店搬迁到了微信平台上。每个企业、个人，都可以申请一个公众号，从而拥有自己一定数量的粉丝，然后在这个平台上与粉丝互动、营销、宣传。

再小的个体，也有自己的品牌

如果企业拥有一个微信公众号的话，在登录的界面会首先看到这样一个标签：再小的个体，也有自己的品牌。这也说明一个事实：再小的企业，都可以通过微信平台来发扬光大。过去在没有微信公众号之前，尤其是传统企业营销阶段，小商户、小个体，基本上都要在大企业的树荫下才能生存，甚至永远都要活在大企业的阴影中。但是如今，有了微信公众号之后，再小的企业也可以建立与大企业一样的微信公众号，而且在这里，企业可以完全自主地发挥营销特色，做出出色的成就，分享互联网世界中的一杯羹。

布丁酒店是杭州住友酒店管理有限公司旗下的中国第一家时尚、新概念的连锁酒店，同时也是在移动互联网发展时代下催生的新时代酒店。该酒店致力于为顾客创造快乐、自由、时尚的休息体验。

布丁酒店温馨、个性和环保的理念，赢得了年轻白领、商业人士的青睐。但是这样一个年轻的酒店放在过去传统企业营销阶段，如果想要出名，获得更多入住者，可能很难。它依靠强大的电视广告几乎不可能；小的宣传推广也无法与更多知名连锁酒店品牌相媲美。好在，布丁酒店“出生”的时候好，赶上了微信营销。于是布丁酒店率先在酒店中开通了微信公众号，并利用微信公众号为自己积累了大量的粉丝和用户。

在微信公众号中，布丁酒店会定期为粉丝推送好玩、个性的信息，同时还伴随着各种优惠活动，非常受年轻人的喜爱，因此布丁酒店依靠微信公众号成为网络上知名的时尚酒店，如图 1-1 所示。

图 1-1 布丁酒店微信公众号营销

营销销售一体化

很多人对微信公众号的理解仅局限在营销中，像上述布丁酒店一样，可以利用微信公众号来宣传企业信息、品牌理念、促销优惠等。此外，企业还可以用微信公众号进行直接销售，企业可以在微信公众号中嵌入微店、旗舰店、网店、购买网址。

粉丝在你的微信公众号中了解了企业的促销信息之后，下一步就是想要快速购物，使用优惠，于是企业可以在自己的公众号中加入销售环节，让用户通过微信公众号直接购买，这样就能获得更多利润。而且用户得到了便利之后，还会持续为你推广，让你的公众号被更多的人知道。

这就是微信公众号的概念和神奇之处，所以，企业都有必要搭建一个公众号。如果你不懂微信公众号，那么在未来的市场中，将很快被淘汰，甚至会被迫退出互联网市场的舞台。

» 1.1.2 服务号和订阅号的区别

明白了什么是微信公众号的总体概念之后，还应该细分了解微信公众号。因为微信公众号只是一个笼统的概念，它主要分为两种类型，即服务号和订阅号。这是两种不同的公众号，有一些明显的内在差异，只有明白了这些差异，企业才能知道自己是适合创建服务号，还是订阅号，因为只有了解了这一点，才能找到最适合自己的微信公众号类型，也才能让自己的微信营销实现最优化。

服务号，更适合体现企业服务形象

服务号是微信公众号的一种，它的特点是为企业提供更强大的企业服务和用户管理能力，因此从某种意义来说，它更能体现出企业的服务形象。

企业申请服务号之后，在微信公众平台中自带自定义菜单，方便用户更快地管理平台和粉丝。认证之后，还会有一个更高级的接口，用于更多服务和营销管理。另外，服务号的群发消息次数规定是一个月（自然月）4 次，平均一周一次，而且服务号在通信里会被归类，粉丝在自己的微信列表中可以直接看到企业服务号推送的信息和次数。

从服务号的这些特点来看，服务号更适合企业来服务一些客户。很多老客户都已经对企业的产品有所体验，那么接下来老客户需要的就是服务。因此企业需要服务好客户，才能让这些客户持续购买产品。因此，对这样的企业而言，不需要频繁地推送群消息，一周一次足够，太多轰炸性的消息也会让客户反感。有人甚至将服务号做了这样一个比喻：企业的老客户与企业就像是老夫老妻，以后需要和注重的是生活质量和彼此的精神需求，不需要每天将甜言蜜语挂在嘴边。

所以，服务号更适合这类的企业。企业如果觉得服务号适合自己，那么就可以选择服务号来进行微信精准营销。

上海大悦城作为一个大型的购物商场机构，在微信营销中就看好了服务号。因为上海大悦城的粉丝们并不希望每天大悦城都会给自己带来一些重复的促销信息。而上海大悦城也抓住了粉丝的心理，利用每周一次，甚至每个月一次的信息频率，吊足了新老客户的口味，让更多粉丝通过服务号了解了上海大悦城“罕见”的重磅消息，如图 1-2 所示，从而带动了上海大悦城的实际人流量。

图 1-2 上海大悦城微信服务号的信息展示

订阅号，为用户提供海量产品信息

订阅号也是微信公众号的一种，是最普遍的一种类型。订阅号刚开始申请是没有自定义菜单的，只有经过认证之后才会有。订阅号没有高级接口，不能使用用户开发模式。看上去订阅号很普通，但它却有更多的优势，订阅号的最大优势在于每天都有一次群发消息的机会。

很显然这能够让企业有更多的机会向粉丝推广产品信息、优惠服务信息等。因此，那些需要每天发群消息给粉丝的企业非常受用，比如一些快消品、餐饮店、娱乐行业、电商行业等，就非常适合建立微信公众号的订阅号。

订阅号的企业信息会在用户微信的通信录的订阅号列表中，需要企业自己点击订阅号列表来看，因此在二级界面中才会看到众多订阅号企业的信息。

很多企业觉得这样的呈现方式不如服务号，服务号可以直接在第一级界面中看到，订阅号需要用户自己去寻找，这样恐怕让粉丝很难在第一时间看到企业的信息。事实上，任何事情都有它的两面性。虽然订阅号的消息体现在二级界面，但是依然能够得到粉丝的喜爱。

因为很多粉丝关注了公众号之后，尤其是服务号，往往会在第一级聊天界面中看到企业的信息通知，这样可能会让有些用户感到反感，甚至影响到用户的微信使用心情，所以用户很可能删除或者取消关注那些不太感兴趣的服务号。而订阅号则不然，由于它的信息展示放在了二级界面，用户在聊天第一级界面中看不到，所以不会影响到用户的生活，而且用户有需要之后，打开订阅号的企业信息分类，可以看到里面分类明确，全部都是订阅号的信息，方便用户正确查找到需要的信息，如图 1-3 所示。

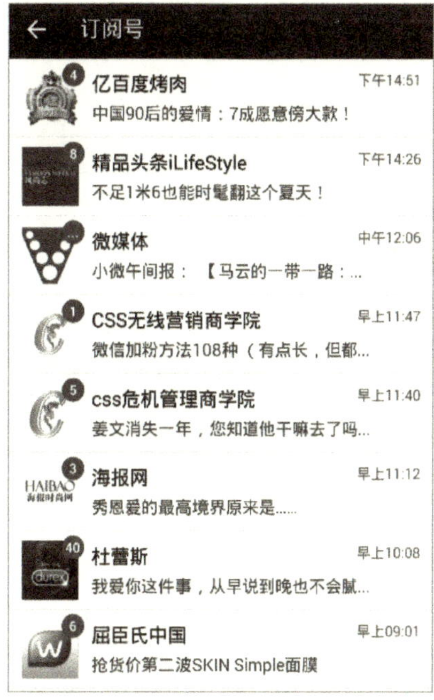

图 1-3 微信公众号订阅号的信息展现

而且订阅号每天一条群发消息的优势，还能让企业每天给用户推送新鲜的资讯，让用户每天都对企业有不同的印象，也让粉丝对企业的信息可以及时了解和掌握。

小贴士

服务号每个月只有 4 次群发信息机会，这就要求企业必须要好好把握这 4 次机会，将最优质的内容发送给粉丝。而订阅号虽然每天都有群发信息的机会，但这并不表示企业可以肆意发送信息。企业如果当天没有优质的信息，那么也可以不发送，否则很容易给粉丝造成过度的信息轰炸，让粉丝产生疲劳感。企业要走精品信息路线，只有缔造并发送一些有价值、有新意的信息，才能真正引起粉丝关注。

1.2 微信公众号的 4 大作用

在自媒体时代，每个人都是信息的接收者和传播者，内容的重要性已经超过渠道。如果你的用户喜欢一则信息，那么就会引发更大的自传播，同时，这些自传播是可以跨越渠道平台的。而微信公众号在这个平台中是最灵活也最方便的。微信公众号不但对企业是一个跨时代的进步，更是兼具个性的自媒体平台。它在新时代的营销中具有很大优势，下面我们着重来介绍它的 4 大作用。

» 1.2.1 精准营销

微信是一个兼具个性和实用性的营销平台。首先它可以让营销更加精准化。在网络营销中，很多人认为搜索引擎、网络推广等都是精准营销。但事实上，这些推广对企业来说很被动，客户搜索不到，就无法知道企业，更无法实现消费。而微信公众号的营销，则是百分之百的精准率。

首先微信公众号营销的一个特点就是有目标客户。从微信公众号的建立开始，企业就已经有了一个目标人群的构建概要。选择什么类型的公众号，是服务号，还是订阅号，这些都让企业有了自己的目标人群基础。有了这样的目标人群之后，企业建立的公众号才会更符合目标人群的选择和需求。

无论是百度搜索引擎还是微博营销，企业都不能百分之百地保证信息会全部传达到目标人群那里。这样一来，企业付出的营销成本和收益就很难实现平衡。而微信公众号的营销则不同，有了目标客户，这些目标客户就会关注企业的公众号，关注了企业的公众号之后，无论企业是服务号还是订阅号，企业发送的每一条信息，用户都会确定地收到。这种高精准的覆盖率是任何一种营销方法很难保证做到的，而微信做到了。

其次是内容。有了这些目标用户和粉丝之后，企业就可以通过了解这些粉丝的属性、需求，来进行精准推送粉丝需要的信息和资讯，让每一条信息都发送到用户心坎儿上。能让用户读到自己想要的信息，这样的精准营销是所有企业都梦寐以求的，所以从这一点来说，微信公众号的营销也可以称得上是精准中的精准。同时，这些用户还会为企业在各种方式中推广公众号，为企业带来更多精准的粉丝。

» 1.2.2 分析数据

微信公众号的作用还体现在数据分析上。微信公众号的后台中有一项“数据统计”的功能，这个功能可以帮助企业通过直观的图表来分析粉丝的增加、减少、属性、接收信息、回馈等资料。因此，有了这样完整详细的信息之后，企业就可以在进行微信营销时，更加有分寸，让粉丝更加喜欢。

首先打开微信公众的后台，会在首页中看到企业公众号的接收新消息、新增人数以及用户总数量的列表。在这个列表中，可以对公众号粉丝的数量一目了然，如图 1-4 所示。

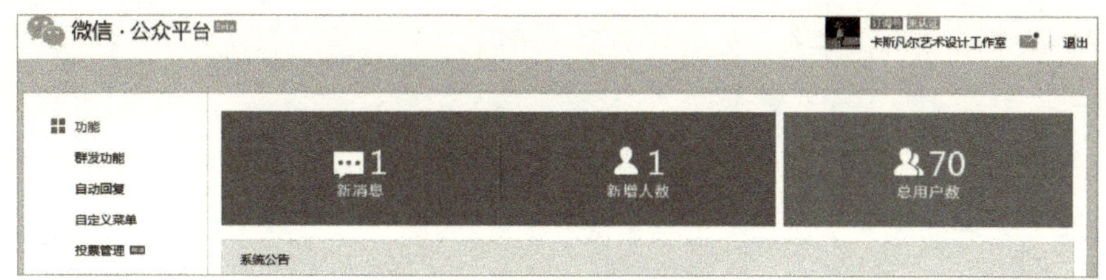

图 1-4 微信公众号后台数据

然后在左下方的列表中，点击“统计”中的“用户分析”就能在这里看到更多关于粉丝的详细数据。

在这个用户分析中，我们可以看到用户增长的频率、新增人数、取消关注人数、净增人数、累计人数等信息，如图 1-5 所示。在用户属性中，还能看到粉丝的详细分类。这也能让企业更清楚地看到自己粉丝的详细属性，比如自己的粉丝中是男性粉丝较多，还是女性粉丝较多。这些数据和信息可以给企业提供下一步营销上的准备，从而针对数量可观的属性人群来进行更精准的推广。除了性别属性方面在数据中能清晰显示外，也能呈现出语言和地域划分信息，让企业能对粉丝有一个更客观的把握。

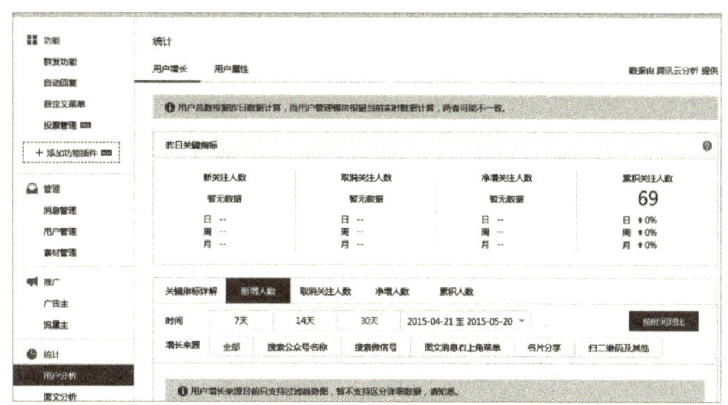

图 1-5 用户分析数据

企业有了这些数据之后，能够更全面地了解粉丝的需求。例如，一家做家电的电子商务网站，通过微信公众号的后台的数据分析看出自己的粉丝主要分布在南方区域。那么接下来，这个企业就会着重思考为什么北方的粉丝会很少，从而对开发北方市场和资源有一个详细的数据把握。

此外，在“统计”中，还有一个“图文分析”，用户可以在这个板块中看到企业发送的图文信息的传达率和接收率，阅读人数和分享人数等，这对企业更是一种营销的帮助，让企业了解什么样的图文信息是粉丝喜欢的，什么样的图文信息是粉丝反感的。

在“消息分析”中，企业还可以准确统计出在微信公众号中，与粉丝互动的信息，从而能够评估用户的互动状况，方便企业下一步的营销。

这些分析数据的作用，可以让企业更好地在微信公众号的营销和运营中把握粉丝的特性和需求，从而做到更优质的营销，让微信营销发挥出它的最大价值。

» 1.2.3 品牌传播

马化腾曾说：“微信是迄今为止最为完美的自媒体。”这句话足以体现出微信的自媒体作用。对企业的微信公众号而言，品牌传播是公众号的一大特点，也是微信的最大作用之一。

如今，很多企业纷纷依靠互联网建立属于自己的品牌，比如小米、黄太吉等。但这些企业如果不借助微信公众号的品牌传播，能成功吗？答案很难确定。

这些企业的发展离不开微信，尤其是对一些更小的品牌来说，如果只是依靠普通的网络推广和宣传，品牌的热度很难在短时间内提升，甚至可能在一段时间之后，就会被淹没。

而微信公众号的出现就像茫茫大海中的一盏明亮的灯塔一样，为他们的品牌宣传照亮了方向。

微信公众号就如同一个企业的移动门户网站，企业可以在这里加入品牌理念、文化；放入产品宣传；嵌入粉丝使用体验；开通服务办理等业务。可以说，在微信公众号的平台中，再小的企业，也能通过这个平台将品牌传播出去。

“叫个鸭子”是成立于 2014 年的个性化餐饮品牌，它是由数名从事互联网以及媒体行业的 80 后、90 后年轻人创建的。以自制秘方烹制的鸭子为主打产品，在北京等大城市逐渐覆盖，成为另辟蹊跷的个性化美食品牌。

然而，我们可以想象一下，“叫个鸭子”这样的关于鸭子的餐饮店想要在北京走红，按照以往的思想是很难的。北京有全聚德、便宜坊等各种烤鸭美食经典大牌，而且各种各样的关于鸭子的品牌也数不尽数，这样一个年轻的小众品牌如何红呢？但事实上，“叫个鸭子”的确火了，而且还火得“不轻”。

原因在于“叫个鸭子”充分利用了微信公众号来将这个小众个性化餐饮品牌传播了出去。“叫个鸭子”开通了微信公众号之后，便立刻在微信公众号中加入“叫鸭”服务，用户可以通过微信直接点餐，如图 1-6 所示，而且“叫个鸭子”还利用了互联网思维，开 mini 跑车为用户送鸭子，从内到外，从营销到运营，“叫个鸭子”都借助微信打开了传播通道。

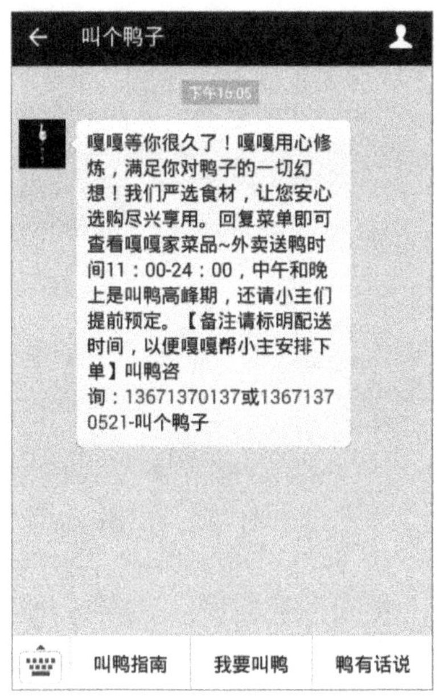

图 1-6 “叫个鸭子”微信公众号

叫过“鸭子”的用户会被“叫个鸭子”的团队震撼，会在微信朋友圈中积极分享和传播，让更多微信用户知道了“叫个鸭子”，从而关注它的微信公众号，参与叫餐。而“叫个鸭子”本身也积极动用微信公众号的力量，不断推广和更新。所以，“叫个鸭子”快速在微信上火了起来，并且迅速传遍互联网。

可见，品牌传播也是微信公众号的一大重要作用，企业千万不要害怕自己的“庙小”而无法扬名，只要正确合理地传播，再加上融会贯通互联网思维，就一定能够将品牌传播出去。

» 1.2.4 创造商机

微信公众号的建立和运营，不但可以让企业的品牌推广出去，更能直接为企业创造商机。

微信公众号是一个企业的门面，维护好了这个门面，就能带来更多的粉丝，粉丝人数的增多，直接决定着商机的大小和机遇的降临。

企业可以在微信公众号中推广产品的优惠、促销、优势等信息，吸引粉丝关注，这样就有可能让粉丝产生购买欲望，从而为企业带来利润。

OPPO 手机在 2015 年 5 月中下旬发布了最新的 OPPO R7 手机之后，第一时间在微信公众号中推出这样的信息：“立即预约 OPPO R7 有好礼”，如图 1-7 所示。这个内容活动，一下子让想购买 OPPO 的小伙伴们兴奋不已。微信预约不但有优惠，而且还有好礼相送，这会让一大部分想购买新手机的粉丝跃跃欲试，于是 OPPO 利用微信公众号获得的商机就来了。这样很好地带动了这款手机的销量，而且还会持续影响粉丝，为下一次的商机打下了坚实的基础。

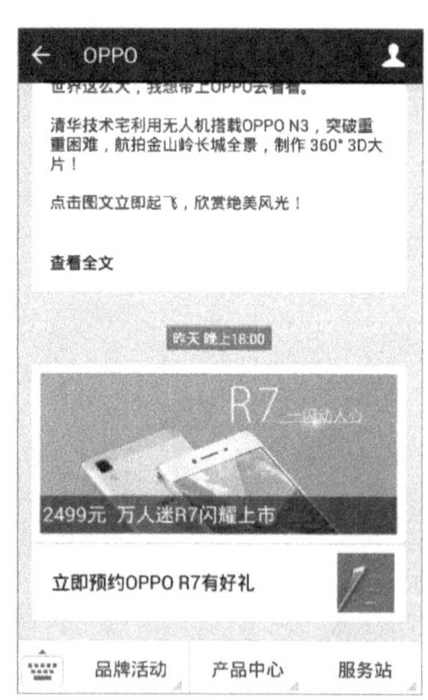

图 1-7 OPPO 手机微信公众号商机不断

在微信公众号的运营中，企业可以运用各种营销手段，比如发红包、促销、折扣、好礼相送、抽奖等方式，来吸引更多粉丝参与活动，并且快速促成粉丝的消费，激发粉丝的消费欲望。

这些方式都能让微信公众号为企业创造更多的商机，因此企业一定要认识到微信公众号不只是一个宣传产品、宣传品牌的工具，更是一片创造商机的沃土。

小贴士

微信公众号的这 4 大作用可以帮助企业获得更多的粉丝、利润，企业必须要更准确、更详细地去理解，然后才能真正把握住这 4 大作用，以此来实现微信营销的最大价值。

1.3 微信公众平台6大商业模式

微信公众号作为一个商业营销工具，必然有它的商业价值。事实上，微信公众号的商业模式多种多样，企业只有了解了这些商业模式，才能根据自己的需求和特点来设置。每个商业模式都如同一扇通往商业机遇的大门，因此企业必须要全面掌握，下面我们就来介绍一下微信公众平台的6大商业模式。

» 1.3.1 订阅模式

微信营销是一个非常专业的新时代网络营销方式，微信公众号的各种功能对营销来说也都非常专业。而订阅模式就是其中一个重要的方式，这是一种高质量模式，能够符合广大用户、粉丝的需求，也能让企业的营销更加专业和深入。

企业在每一个微信公众号上向用户发出去的信息，都以订阅模式呈现，这就意味着它在资讯方面有很强的优势。首先，订阅就意味着用户会关注你，然后从你这里得到更为专业和全面的信息观点，而且很多资讯也都是通过原始整合后再输出，因此更容易让用户接受和喜爱。

总之，订阅模式让微信的内容更加有质感，企业会根据用户的需求来推广信息，面对这样高质量的内容，很少会有粉丝拒绝。此外，企业在微信公众号上与用户的接触是全天候的，只要粉丝有智能手机，在网络覆盖的区域，就能与企业的微信公众号接触。这种高覆盖率的订阅模式也让粉丝对微信公众号都有一种依赖性。

这种订阅模式也让微信公众号在传统营销方面有很大的优势。传统媒体虽然有高黏度的用户群体，在内容方面有经验，却有很大的空隙，客户并非每天每时每分都能实时看到你的信息。但是微信可以，微信是一个十分私密的通信工具，不但能够一对一，而且还能保证信息订阅的传送率是百分之百。只要用户订阅，就能实时收到企业的信息，这不但弥补了传统媒体营销的不足，还能让用户在这个过程中对企业有更深刻的了解。

因此，订阅模式是微信满足用户对高质量资讯需求的一种必然要求，也是新时代下未来营销发展的一个新趋势。

» 1.3.2 推送模式

每个人、每个企业都可以开设属于自己的微信公众号，然后向订阅者，也就是你的粉丝推送信息，这个过程就是微信公众号的推送模式。当你申请了一个公众号，并且拥有了粉丝之后，就可以向粉丝推送群消息。在微信公众平台的后台上，你可以通过对订阅者的分组、管理来进行关系消息的推送。在这个过程中，你推送的消息可以是文字、图片，也可以是语音视频。

企业除可向粉丝推送消息之外，还可以与粉丝进行单独的一对一互动，让粉丝倍感亲切。这种推送模式是微信公众号的一大特点，也是最值得企业好好把握的。

很多人认为在微博上营销也有推送模式，每天可以发送信息。但是企业必须要注意，在微博上发消息，粉丝不一定能够看到。而在微信上，你每次发的信息都能以推送消息的模式，呈现在粉丝的微信公众号中。无论你是服务号还是订阅号，在粉丝微信中都能看到。当然，如果粉丝对你的消息不感兴趣，那么就不会很敏感，甚至会对你的微信公众号取消关注。因此，对企业来说，如何将推送模式发挥到极致，这是企业值得思考的问题，即面对众口难调的需求，如何将推送进行到底。

例如，企业可以了解粉丝的一些信息内容，了解在什么时间内最适合推送信息，发送什么样的内容让用户才能更关注你。企业必须要及时与粉丝沟通，这样才能提高公众号的群消息推送价值。

此外，推送模式想要成功，首先就要积累自己的用户量。用户量提升上去之后，你的推送消息才会被传播出去，推送的消息也更具有真正的意义。

» 1.3.3 语音信息载体

在微信公众号中，还有一个模式非常有趣，做好了，可以吸引粉丝，而且还能通过这种模式，更个性化地推送信息，它就是语音信息载体模式。如今，越来越多的企业会在微信公众号的营销中使用语音这个强大的载体与用户互动沟通。

从严格意义上来说，语音信息简化了一些沟通方式。比如你拿起手机与对方语音一下，就能省略更多的打字时间，而且还能将很多事情说得形象生动。

在微信公众号的语音群发消息中，只有短短的几十秒钟时间，在这里包含的信息量很大。而且经过调查，粉丝对语音的识别能力有很高的要求，因此，语音消息的模式更适合企业与用户进行互动，从而拉近企业与用户之间的距离。

因此，语音载体对企业的公众号运营也是非常重要的一种模式。有很多时候，粉丝对企业不了解的地方会发来疑问。这时候，企业可以通过语音的方式，在第一时间将答案发送到用户那里。某航空公司的微信公众号就有这样的一项语音功能。用户只要发来了解城市天气的信息，企业很快就能够通过提前录制好的语音素材把具体城市的天气预报以语音播放的形式发送给用户，让用户可以第一时间了解当地天气，为出行做好充足准备。

企业通过语音与用户互动，让用户意识到企业的诚意，从而拉近企业与用户的距离。同时，企业在这个语音互动过程中，还应该注意语音和语气，尽量要避免严肃刻板的声音，一定要幽默诙谐一点，让用户听了之后有所依赖。

» 1.3.4 二维码

二维码是微信公众号营销的一大重要商业模式。这是一个看似非常简单的东西，其实在这个黑白方块组成的小世界中隐藏着大量的信息。用户只需要打开“扫一扫”就可以扫出意想不到的信息。

二维码的商业模式价值在于链接企业线上与线下，让更多用户通过扫描二维码而关注企业的公众号，参与公众号的活动。因此，企业完全可以依靠二维码办理线下或者线上的一些宣传活动，来发展和积累更多粉丝以提高企业人气。

我们走在大街上、商场中、餐饮店内，很容易看到微信二维码的图片，而且有些企业的微信二维码还比较个性醒目。但无论采取什么形式，企业都在利用二维码来进行微信公众号的商业营销。

例如，某服装公司为了推广自己的服饰产品以及微信公众号，借助了个人微信账号以及粉丝的传播性，在朋友圈中广发自己的微信二维码以及产品图片。比如某粉丝在朋友圈中这样发送消息：“突然跟我全场 5 折，这是逼我扫货的节奏吗”，如图 1-8 所示。在这个信息下面，还附赠三张图片，两张为该服装店里的服饰产品，一张为比较显著的微信公众号二维码，看到的用户只要扫描一下这个二维码，就能对该服装公司的微信公众号添加关注，成为粉丝。

图 1-8 朋友圈中二维码运用

此外，还有很多电商企业往往会在官网、微博、论坛中贴出一些微信活动的信息，而在这些活动介绍下面往往会附加一个二维码，用户只要扫描之后，就能快速参与企业的微信活动。2015 年 5 月 20 日，特步运动鞋在官方微博中向粉丝发出了这样一则信息："特步微电影 # 数字恋爱 #520 全网上线！爱情真的可以用计分来衡量吗？扫码观看 # 李易峰 # 微电影找出答案，还可下载逗趣聊天表情，玩数字恋爱小测试哦！"，如图 1-9 所示。

图 1-9 特步二维码参与活动

用户只要扫描这个二维码，就可以通过微信公众号观看特步的这个微电影，还可以参与数字测试小游戏。这样企业就通过一个小小的二维码获得了更多粉丝的支持和喜爱。

二维码不只是一种吸引粉丝的方式，更是一种微信的营销模式，其中暗藏的玄机只有真正受益的企业和粉丝才能知晓。微信二维码有了这些特质之后，似乎就多了更多的分量，所以企业必须要掌握好微信营销的这种模式。

» 1.3.5 自动回复设置

微信公众号想要在第一印象上吸引用户，获得商业模式的成功，必须要注重自动回复设置。在微信公众平台设置被添加自动回复之后，粉丝关注你的公众号，就会自动发送你之前设置好的文字、语音、图片等，设置后，企业还可以在后台修改和删除内容。

具体的方法是这样的：打开微信公众平台，找到“功能”，再点击“被添加自动回复”，然后设置你想表达的文字、语音、图片等为“被添加自动回复”内容，如图 1-10 所示。

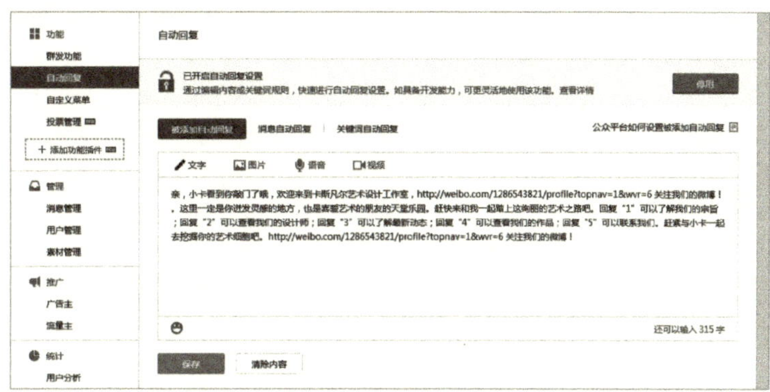

图 1-10 被添加自动回复设置

此外，企业还可以在“消息自动回复”“关键词自动回复”中设置更为具体的自动回复，比如关键词自动回复。在关键词自动回复设置中，企业为用户设置在被添加自动回复中的数字所代表的信息，用户只要回复某个数字，就可以得到相应的答案。比如按照上述图中的“被添加自动回复”中，粉丝在公众号中只要输入关键词“4”，就可以快速看到企业的最新作品，如图 1-11 所示。

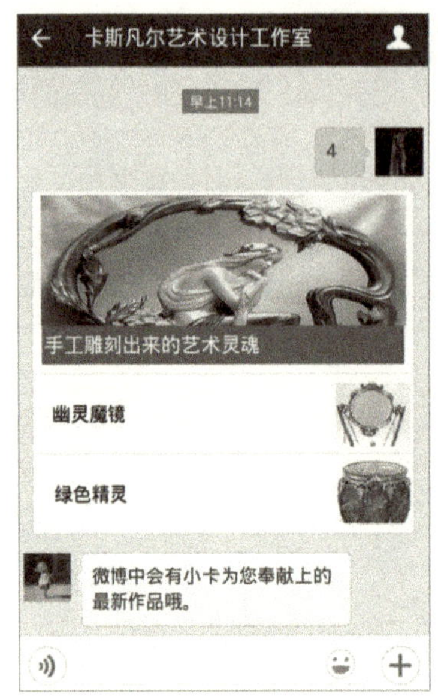

图 1-11 关键词自动回复体现

这些自动回复设置，可以帮助企业留住粉丝，让粉丝对企业产生好感。因此企业务必要重视这种商业模式，掌握自动回复的方法技巧，了解用户最想看到的自动回复内容。同时，企业还应该尽量加入一些搞笑、幽默、富有创意的自动回复内容，让更多的用户参与进来，这样的微信营销才能够更加成功。

» 1.3.6 CRM 工具

CRM 的含义是客户关系管理，主要是指企业用CRM技术来管理与客户之间的关系。CRM 可以是一个软件系统，也可以是管理术语，还可以是一个营销工具。我们通常所指的 CRM 是指用计算机自动化分析销售、市场营销以及客户服务等软件系统。它的存在意义就是通过提高客户的价值满意度，来扩展业务与市场。

在微信公众号的商业模式中，CRM 的定义显得更加简单和合理，就是协调企业与用户在销售、营销和服务上的交互，改进企业的管理方式，为用户提供创新和个性化的交互和服务过程。它的目标就是吸引新用户，保留老用户。在微信模式下的 CRM 主要实现的是基于客户细分的一对一营销，因此对企业资源的有效组织和分配是按照用户细分而形成的。

因此，有人认为微信能够对接所有企业的 CRM 系统，甚至可以代替电子邮件、短信和人工电话服务等。从某种意义上来说，微信就是一种十分强大的 CRM 工具，以前我们印象中的 CRM 就是电子邮件、人工电话服务等。但是如今有了微信公众号，人们不再需要如此复杂的 CRM。

例如，企业可以在微信公众平台上给用户发送一段文字、图文信息或者语音信息，这些取决于企业和粉丝双方的共同需求。当然，在你推送消息成功之后，你还可以在后台持续关注粉丝的动态和意见反馈，从而提高企业的市场调查力度。此外，企业还可以利用微信公众号平台直接做客户服务工作，比如，以前人们想要订机票或者酒店，会先拨打酒店的人工电话进行咨询和寻求帮助。这样一来，用户还必须得承担打电话的费用以及等待的时间。其次，用户还可能会面对一些解释不清楚的问题。但是现在，企业只需要建立一个公众号，然后在这个平台上，解决粉丝的一切疑问。而且对粉丝来说，这些都是一对一的及时办理和咨询，不但方便，还非常节省时间。

微信的这种 CRM 新商业模式也被更多企业看到，事实上很多企业已经在微信公众号的平台上开通了自定义接口功能，在这个接口中，企业可以接入任何的 CRM 系统工具，通过这些接口，企业便可以在微信公众号平台上为粉丝提供更加人性化、完整的服务。

小贴士

微信公众号的这 6 大商业模式，企业只要掌握其中的道理和核心内容，就能够根据自己的需求来合理地进行营销。但值得注意的是，企业一定要清楚地认识到自己企业的状况，只有对症下药，才能找到适合自己的商业模式。

第二章

微信公众号这么建

了解了什么是微信公众号之后，接下来就是如何建立公众号。对很多人来说，可能这是一个技术活，甚至害怕去面对复杂的过程。事实上，微信公众号的建立很简单。只要明确了微信公众号的分类，然后各个击破，从建立到发布信息、编辑装修等都将变得轻松简单。

本章从“技术”出发，为用户梳理了一个简单的公众号创建流程，让用户在每一个环节中都清楚创建流程。

2.1 服务号向左，订阅号向右

知道了什么是微信公众号之后，接下来就是要搭建一个微信公众号。微信公众号主要分为两大类，服务号和订阅号。下面我们就分别介绍一下他们是如何建立的。

» 2.1.1 服务号的开通方式

服务号主要给企业提供强大的企业服务和用户管理能力，建立了服务号之后可以更好地体现出企业的服务形象和影响力。因此，想要借助微信公众号来提高企业形象，那么就可以选择服务号。

第一步，企业要先有一个注册工具，也就是注册过的邮箱。

第二步，打开微信公众平台官网，会看到一个“再小的个体，也有自己的品牌”的星球界面。在右侧有一个登录和注册界面，点击“立即注册”，进入注册界面，如图 2-1 所示。

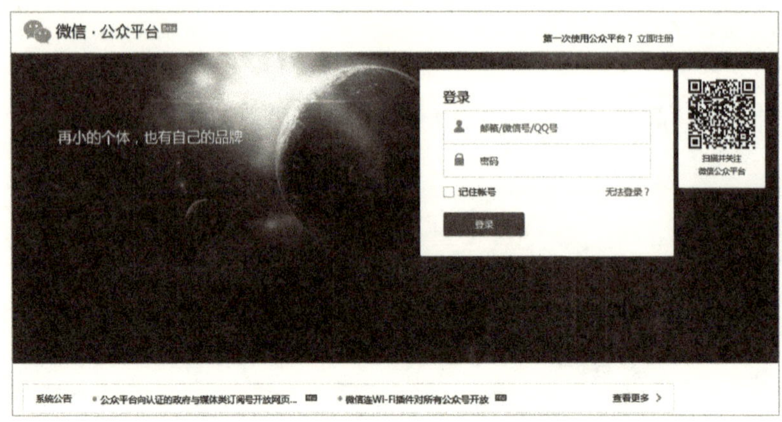

图 2-1 微信公众平台注册首页

第三步，进入“立即注册”界面，在这里填写相关的邮箱和密码，然后点击“注册”，如图 2-2 所示。

1 基本信息 2 邮箱激活 3 选择类型 4 信息登记 5 公众号信息

每个邮箱仅能申请一种帐号：服务号、订阅号或企业号

已有微信公众帐号？立即登录

邮箱

作为登录帐号，请填写未被微信公众平台注册，未被微信开放平台注册，未被个人微信号绑定的邮箱

密码

字母、数字或者英文符号，最短6位，区分大小写

确认密码

请再次输入密码

验证码

ADAW 换一张

我同意并遵守《微信公众平台服务协议》

图 2-2 注册服务号填写基本信息

第四步，点击“注册”之后，用户会收到“微信团队”发送的验证邮件，用户这时候需要到填写的邮箱中进行验证。

第五步，验证之后，选择注册账号类型，在这里，我们选择“服务号”。

第六步，选择好类型之后，再选择服务号运营的主题类型，有政府、媒体、企业和其他组织分类，企业可以选择“企业”，然后就可以填写各种信息。服务号需要的信息比较多，所有的选项都必须如实填写。比如企业名称、营业执照扫描件照片、运营者身份证姓名、身份证号、身份证照片、手机号码以及验证码等。值得一提的是，在上传运营者身份证照片时，需要是其本人，然后提交，确认注册信息。选择好了运营主体之后，便不可更改。

第七步，选择填写公众号名称、功能介绍、运营所属城市等信息，然后点击“完成”即可。

第八步，等待腾讯审核通过之后即可使用。

» 2.1.2 订阅号的开通方式

玩过微信的人都发现微信中有很多订阅号，每天可以给粉丝推送群发消息。其实订阅号的建立很简单，而且每个人都可以建立一个订阅号。

首先，建立订阅号的前期准备和方式都与服务号的相同，比如准备好一个邮箱，然后验证邮箱。验证之后就有了区别。

验证邮箱之后，我们会选择订阅号，然后进入订阅号的创建模式中。选择了订阅号之后，也会进入一个订阅号的信息录入界面。首先你也需要选择运营的主体类型，比如政府、企业、媒体、其他组织和个人。在这个环节中，订阅号与服务号的区别在于，多了一个个人，也就是说个人也可以建立订阅号。你可以根据自己的需要选择主体类型，一旦选择成功，便不可更改。比如我们选择个人，那么就进入了个人的信息录入。在这个平台中，首先需要实名制。这时候你需要录入自己的身份信息、手机号码等。在上传身份证图片时，也需要本人手持证件拍照上传。

录入这些信息之后，点击“注册”，然后就等待腾讯微信平台的审核，审核通过即可获得订阅号，然后就可以使用了。

小贴士

微信公众号的建立是一个非常严肃的事情，无论是选择服务号还是订阅号，都要严格遵守腾讯微信平台的要求来进行实名信息注册。此外，选择了运营主体类型之后便不可更改。

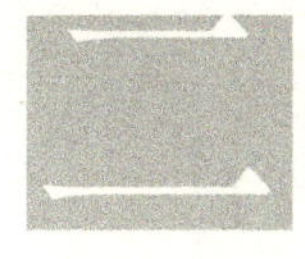

2.2 后台是个大本营

微信公众号的后台是一个大本营，在这里有企业客观的目光和数据的呈现。因此微信公众平台后台是一个非常有料、有吸引力的地方。下面我们就来介绍一下，这到底是一个怎样的大本营。

» 2.2.1 欢迎页面：大数据的集散地

打开微信公众号平台的登录界面，然后登录，进入微信公众平台后台，可以看到一个欢迎界面。在这里首先呈现的就是各种新信息、新数据、新通知。综合而言，这个欢迎页面是大数据的集散地。

首先，最能冲击人们视觉的就是上方的蓝色和绿色的横条，这是用户发来新消息、新增人数以及总用户数的一个统计。在这里，企业可以对公众号的粉丝数量、新消息等数据一目了然。企业点击还能查看粉丝的信息介绍，也能查看粉丝发来的新消息，如图 2-3 所示。

图 2-3 微信公众平台欢迎界面

其次，在这个数据统计板块的下方就是系统公告。这是微信公众平台为企业推送的关于微信公众号的所有新消息、通知、公告、注意事项等内容。

微信公众号的任何新动态，都在这个板块中一览无余。比如微信公众号推出的新功能、优化升级信息等。企业可以点击查看微信公众号的最新动态和变化，及时在运营中加入新的元素。

在这个界面的左侧是微信公众号的各项功能以及管理选项。在这里，微信平台所有的新功能和新动态也会体现在其中，而且还会以一个红色的“NEW”作为提醒，让用户可以一眼看到这其中的新变化。

最后，在右上角还有一个小信封的标志，这是关于微信平台的新通知标志，微信平台如果有新通知，那么这个信封就会有一个红点，用户可以打开信封查看信息。

» 2.2.2 实时消息页面：用户消息的查询地

打开微信公众平台“管理”中的“消息管理”会来到一个实时消息页面。这是企业了解和浏览粉丝发来消息的地方。在这里企业可以对粉丝的名称、信息等所有内容进行查看，是企业对用户消息的查询地，如图 2-4 所示。

图 2-4 消息管理页面

首先看到的是按照时间顺序排列的最新的粉丝消息，企业不但能够看到粉丝发来的消息内容，还能看到这位粉丝来自哪里，是什么时候关注企业的。其次，用户还可以点击“最近五天”的下拉列表来查询今天、昨天甚至更早的粉丝消息，以此来更好地了解粉丝发消息的内容和时间。

此外，企业还可以对一些比较重要的粉丝消息进行标记，点击右边的五角星，就能收藏，而随后，企业通过点击“星标消息”来查看收藏过的信息，便于企业做好消息回复和营销管理。

企业还可以点击右方的“搜索”，在消息管理页面中搜索粉丝发来的消息，便于企业节省时间差查看重要消息。

» 2.2.3 用户管理页面：用户管理的操作地

打开“用户管理”页面，会看到所有粉丝的一个列表。在这个列表中，系统按照粉丝关注时间来排列，企业可以通过这个用户管理页面对粉丝的情况一览无余，如图 2-5 所示。

图 2-5 用户管理页面

用户在这里对粉丝进行用户管理。比如给用户分组、收藏、拉黑等。还可以修改标注，让企业更方便寻找相关粉丝。

在这里，企业只要将鼠标放在任一粉丝的头像上面，就会出现该粉丝的相关信息，比如该用户的名称、备注名、地区、签名等，如图 2-6 所示。点击粉丝名称，还可以进入与该用户的单独对话框，在这里企业可以与该用户进行单独一对一的互动沟通，通过发送语音、视频、文字等方式聊天。这样的作用是能更好地管理该用户，可以让企业针对个人进行一对一的营销。

图 2-6 点击粉丝头像出现粉丝详细资料

小贴士

微信公众平台的后台其实更多的就是对用户的管理和消息的查看，这可以让企业在接下来的具体营销中，有针对性。因此企业必须要重视后台对消息和用户的管理。只有完善好了后台，才有可能在前台获得成功。

2.3 玩转消息发布技巧

我们关注过很多微信公众号，也看到过很多有意思的群发消息，有些是心灵鸡汤般的文章，有些是图文并茂的视觉内容，还有些是视频语音。企业是怎样发送给粉丝这些有趣的消息的呢？下面我们就来简单介绍一下微信公众号消息发布的技巧。

» 2.3.1 新建单条图文消息

想要群发消息，首先就要打开微信公众号中“功能”下面的“群发功能”。这时候，界面会出现一个群发功能页面，如图 2-7 所示。在这个页面中选择“新建群发消息”的按钮。然后在下方的群发消息中选择“新建图文消息”。

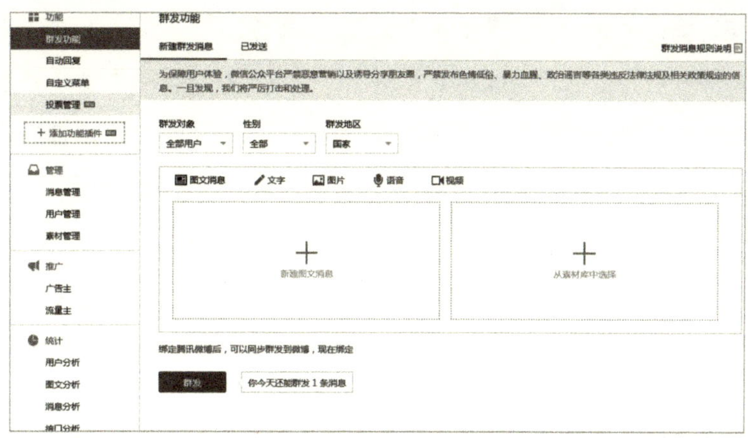

图 2-7 群发功能

当企业将鼠标放在“新建图文消息”的“+”标志中时，系统自然会出现两个选择：“单图文消息”和“多图文消息”。

点击“单图文消息”，进入“素材管理”中的单图文建设页面。在这个页面中，企业可以建立单图文信息。

首先给你的图文消息起一个标题，然后输入作者，随后上传一个图片的封面，然后再输入一段简单的摘要，注意摘要的字数要保持在 120 字以内。然后才能进入单图文消息的正文内容，在这里输入文字和图片，如图 2-8 所示。

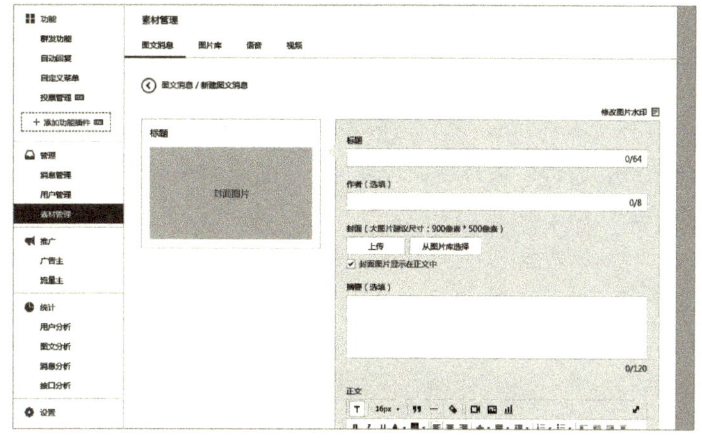

图 2-8 单图文素材管理

例如，我们编辑一条这样的单图文信息，标题为“西装你穿对了吗？作者是小卡，图片是一个非常绅士的西装男士图片。摘要为“西服对于每个人来说已经太熟悉不过了，但是对于西服的着装讲究是不是每个绅士们都烂熟在心？看看这十条规则来检验一下自己吧。”正文中是西装穿着的十大规则，如图 2-9 所示。

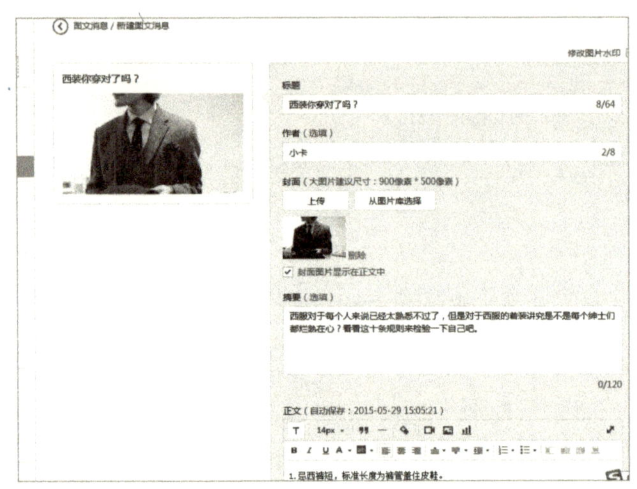

图 2-9 编辑单图文案例

编辑完毕之后，企业可以选择预览，也可以选择直接发送。我们建议企业最好事先预览一下，这样可以避免一些错误的发生。

最终点击群发。此时，我们看到发送到微信公众号粉丝手机上的消息便是一条“西装你穿对了吗？”的单图文消息，如图 2-10 所示，摘要中很清楚地交代了这个信息的内容，而点击查看全文，会看到全篇西装中穿着的十大规则，如图 2-11 所示。内容简洁大气，消息一目了然，让用户很受用。

图 2-10 单图文消息案例

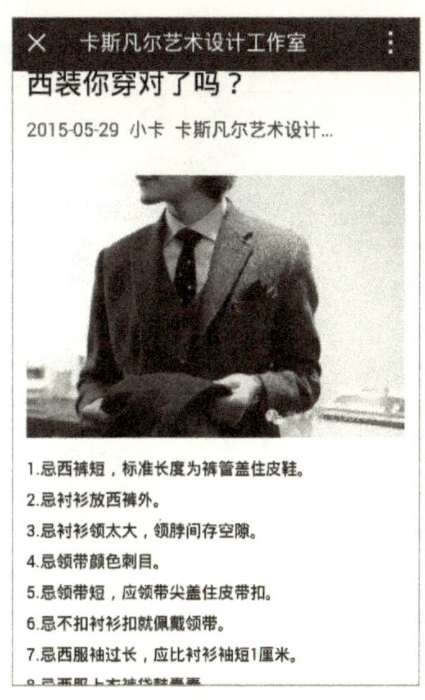

图 2-11 单图文消息案例全文展开

» 2.3.2 新建多条图文消息

新建多图文消息与新建单图文消息基本一样，只不过是由建立单条图文消息，变为了建立多条图文消息并存，形成一个综合的群发消息。

在群发消息功能中选择“多图文消息”，然后进入多图文消息的编辑页面。在多图文消息编辑中，企业可以选择多个文章加入，每个文章都有一个标题和封面图片，每个文章都是一个单独的小个体，然后最终罗列起来，形成一个综合的图文消息。

例如我们在这个多图文编辑中，新建一个多图文消息。第一篇图文消息为“早春型男帅哥”；第二篇图文消息为“吉他暖男”；第三篇文章为“小清新复古男”；第四篇文章为“性感到爆的春光眼”，如图 2-12 所示。企业要选择其中一个图文消息作为主题封面。

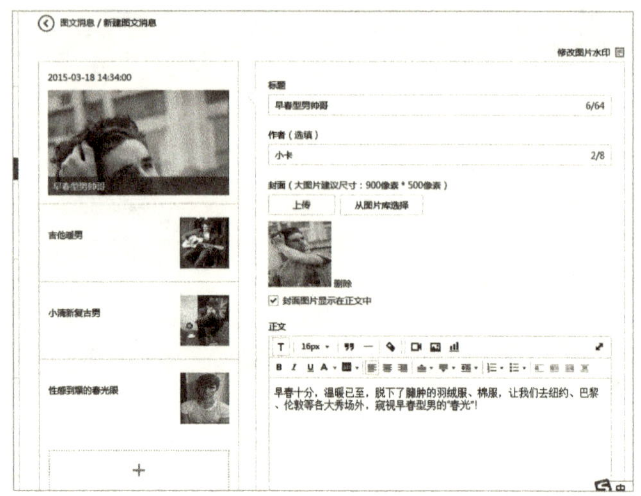

图 2-12 多图文消息编辑示范

编辑结束之后，这四篇图文消息就完成了，然后企业可以群发给粉丝。如此一来我们在微信上就会看到这个多图文消息的内容了，如图 2-13 所示。

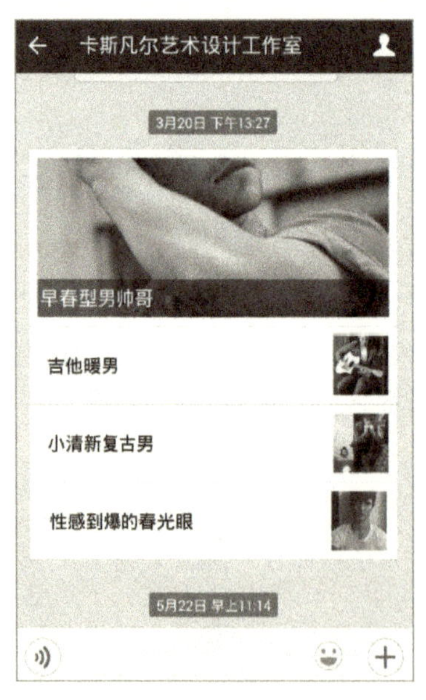

图 2-13 多图文消息案例发送成功

多图文消息涵括的内容比较多，适合于那些服务号企业或者不经常发送群发消息的企业，一次性可以编辑多个图文消息，发送给用户。

» 2.3.3 新建多媒体消息

在群发消息的素材管理中，企业不但可以给用户推送单图文消息、多图文消息，还可以推送多媒体消息，比如视频、语音。

在群发消息中，点击“语音”或者“视频”就可以选择上传语音或者视频发送给用户多媒体信息。

虽然这样可以丰富消息的形式，使消息多样化，让粉丝感到新奇并产生兴趣。但是企业还应该注意，首先，不能发太多过长的视频或者语音，这样会浪费用户的时间。其次，在发送完视频语音之后，还要提示用户在 Wi-Fi 环境下打开，否则浪费手机上网流量，产生不必要的费用。

企业的很多内容可以用视频、语音来推送。这就避免因为过多的枯燥文字而让产品推广变得乏味，让粉丝反感。

所以新建多媒体消息对一些娱乐、新型产品和服务的企业来说，非常有必要。

» 2.3.4 安全助手

微信公众号在群发消息时，有时候需要通过注册者的私人微信账号向公众号助手发送群发消息，系统才会自动进行群发。因此，企业很有必要将公众号绑定一个个人微信号，这样企业就可以运用手机操作来发送群发消息。

当然，前提是企业需要先关注“公众号安全助手”，然后才能用绑定的微信账号来群发公众号信息。

在编辑好了单图文消息或者多图文消息之后，在公众号中需要打开手机，扫描一下这个安全助手，然后才能确认群发消息，确定之后，公众平台安全保护会允许该微信账号代表绑定的公众号群发消息，如图 2-14 所示。

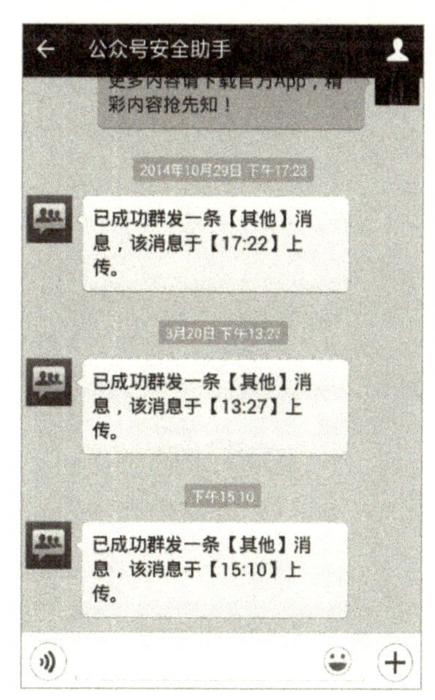

图 2-14 安全助手消息发送提醒

安全助手可以帮助企业群发消息，节省更多时间，让企业的最新动态可以在第一时间发送到粉丝的微信上。

小贴士

微信公众号消息群发虽然可以让用户编辑更多模式的内容，但是却也有它的范围，并不是所有的内容都可以发送。为保障用户体验，微信公众平台严禁恶意营销以及诱导分享朋友圈，严禁发布色情低俗、暴力血腥、政治谣言等各类违反法律法规及相关政策规定的信息。一旦发现，微信平台将严厉打击和处理。因此，企业应该多发送一些有积极意义、充满正能量的推广内容。

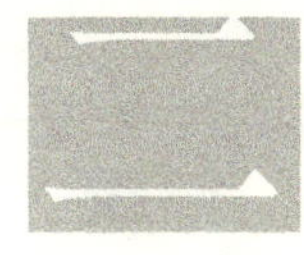

2.4 编辑也是装修，便捷才能抓人

便捷是开启微信公众号的一个重要目的，在这里，企业可以快速发送信息，让粉丝了解自己，便于企业管理用户。而编辑也是一个重要的技术活，只有做到便捷，才能抓住粉丝的心。

» 2.4.1 自动回复

微信公众平台虽然可以与手机端绑定，但是如果要进行一些具体的前提编辑设置，还是通过网页端设置会更方便一些。比如，设置自动回复。自动回复可以设置很多关键词和回复，下面以网页端为例，介绍其自动回复功能如何使用。

首先输入账号及密码进入微信公众平台。

在公众平台首页，在左侧的“功能”中有一个“自动回复”，在这里，企业可以开通自动回复设置功能。开通之后，开始进行编辑设置，如图 2-15 所示。

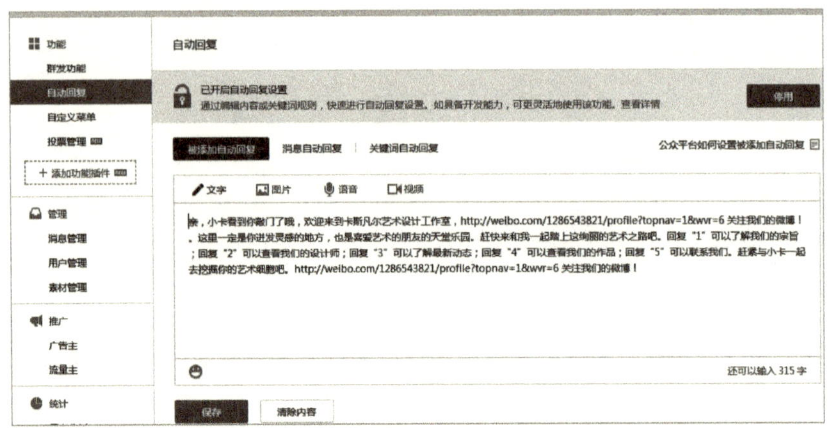

图 2-15 自动回复设置

首先是被添加自动回复。当粉丝关注我们的公众号之后，首先就会给粉丝回复的一个自动回复，这就叫被添加自动回复。在这里，企业可以添加一些数字代表的功能和信息，让用户直接回复对应数字即可获得相关解释。

而在消息自动回复中，一般是粉丝输入的一些词语，在自动回复范围之外的回复。

而关键词自动回复，则与被添加自动回复是有关联的，用户只需要输入一些关键词或者数字，就能得到相应答案。

自动回复等于是企业给粉丝带去的一个见面礼，粉丝对你的印象好不好就全都体现在这个自动回复中，因此企业要好好设置和把握。

» 2.4.2 自定义菜单编辑

我们看到很多企业的微信公众号中都在底端有一个自定义菜单功能，就像是一个微型网站，点击按钮，还有子菜单，可以选择自己想要去的页面。

其实想要在微信公众号中添加自定义菜单并不难。点击“自定义菜单”即可进入到开启自定义菜单的页面。

点击“添加菜单”会弹出一个“添加一级菜单”的页面，每个账号的自定义菜单可以添加 3 个一级菜单，输入一级菜单名称之后，点击“确认”，一级菜单便添加完成。

添加完一级菜单的名称之后，企业就可以在这个菜单下面做出解释。换句话说，就是用户点击了你的这个菜单之后，会得到怎样的回应。这个回应可以是继续添加二级菜单，也可以是直接发送消息，还可以是跳转到相关网页。这需要企业根据自己的需求和产品服务内容来决定。

值得一提的是，每个一级菜单下面可以添加 5 个二级菜单，二级菜单下面就只可以填写发送消息或者跳转网页，没有第三级菜单。

我们以“时尚搭配”“复古情怀”“诗情画意”3 个一级菜单为案例来建立一个自定义菜单，如图 2-16 所示。最终粉丝在微信公众号中看到的界面就会非常明朗大气，深受粉丝喜爱，如图 2-17 所示。

图 2-16　建立自定义菜单

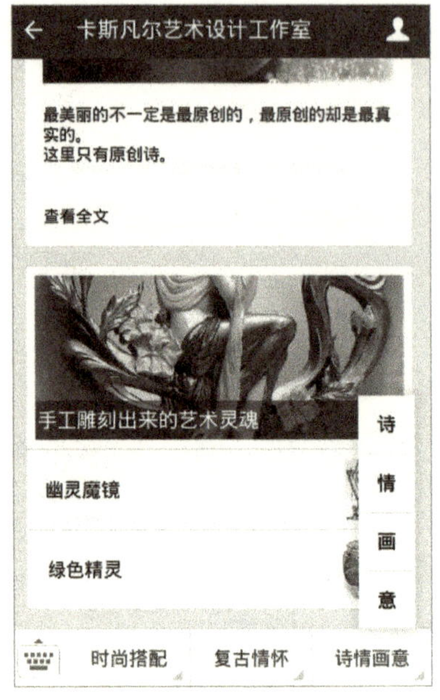

图 2-17 自定义菜单案例

有了自定义菜单之后，企业的很多特殊的服务、产品、活动、促销、节日折扣等内容都可以在菜单中体现，让粉丝更快速进入活动页面，节省粉丝时间，为企业带来更多的利益和人气。

小贴士

自动回复和自定义菜单对企业的微信公众号营销来说非常重要，可以说是企业微信门户的一个重要展示。因此，企业要细心把握用户需求，给出更人性化和时尚的自动回复和自定义菜单。这样才能使粉丝对你的微信公众号有一个深刻的了解和良好的印象。

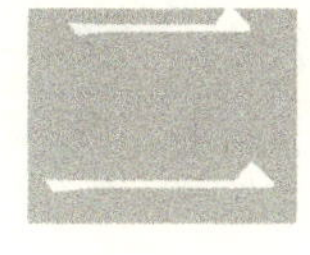

2.5 绝对服从，微信公众平台的 6 大“军规”

微信公众号是每个企业进入新营销模式的必经渠道，这里需要一个良好的生态系统。就需要企业严格遵守和服从微信公众号运营的一些“军规”。下面我们总结出的 6 大“军规”，是企业必须要遵守的。

第一，提供有价值的服务

什么是有价值的服务呢？这就要求企业学会自省。过去博客营销很火的时候，很多博客今天一飞冲天，过几天之后却不知踪影，火热劲慢慢消失。而公众号平台如果做不好，也可能会面临这样的危险。但只要你的微信公众号中提供了有价值的服务，对用户来讲非常有意义，那么你的公众号就很可能“永葆青春”。所以，企业的公众号必须要体现出有价值的服务。

第二，杜绝中介

中介在微信公众号的运营中是一个非常可怕的模式，因此，消除中介势在必行。很多企业可能面临很多中间环节，但是有了微信公众号之后，企业一定要在这个平台中为用户直接提供服务，而不需要通过中介来与粉丝互动沟通。如果商家不能直接和消费者对话，那么公众平台的意义也就不大。所以杜绝中介是微信公众号做大做强的一大重要前提。

第三，用户第一

微信公众号运营的所有的模式、方式，都必须基于一个前提：用户第一。在互联网大数据的思维模式下，用户至上一直是被各个企业当做信仰一样对待。在这样的时代下，谁得罪了用户，谁就没有好果子吃。

微信公众号运营也是如此，企业要多站在用户角度思考问题，给用户带去更多有价值的信息和服务，让用户感受到便捷、优惠、极致等体验，这样才能真正让你的微信公众号“名扬四海”。

第四，杜绝恶意营销

在微信公众号的营销规则中明确规定，不能出现恶意营销。这就要求企业在微信公众号的操作过程中，群发消息中，杜绝出现一些诱导性、赤裸裸的引导消费者内容。群发消息必须要健康、积极、合理营销，只有这样，才不会流失粉丝，也能让整个微信营销的氛围和环境变得健康自然。否则，在乌烟瘴气的营销氛围下，即便你的微信公众号中的群发内容再好，也不会引起用户注意。

第五，布局要简洁大方

微信公众号营销毕竟不是网站营销，因此，在微信公众号中的板块、内容的呈现尽量要简洁大方一些。如果你的界面太复杂，用户即便想要从你的平台上得到信息，也会无从下手，这样会流失很多粉丝，不利于合理的营销。

因此，企业一定要注重微信公众号的版面布局，比如自定义菜单不要太多，多图文消息建立时，不要太啰唆，标题尽量明朗简洁，让用户一目了然。

第六，做好细节

俗话说：“细节决定成败”，在微信公众号的运营中，做好细节很重要，要注意细节上的把握和操控。比如选择素材，建立图文信息时，要考虑封面图片的选择是不是够吸引人，标题是不是能激发人们点击阅读；自定义菜单是不是一目了然，让用户愿意去点击；自定义回复是不是够清楚……还有很多关于细节上的问题需要企业好好研究，企业一定要力争在细节上抓住用户。

小贴士

关于微信公众号的运营需要注意的问题，其实远不止是要遵守这6大“军规”，还有很多细节上的内容需要企业把握和注意。企业一定要多从那些成功的微信公众号中吸取经验，学习他们的长处，在此基础上还要不断推陈出新，只要勤于思考，站在用户角度想问题，就一定能够做出让用户满意的公众号。

第三章

二次开发，定制专属你的公众平台

公众号建立之后，不代表你的企业就完成了微信公众号的营销准备。企业还要在这个公众平台中加入和定制属于自己企业的特色，让用户在你的微信公众平台中感受到更个性化的体验。因此这就离不开微信公众号的二次开发，通过二次开发来定制专属企业的平台。

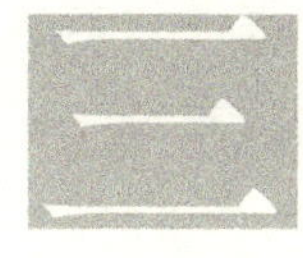

3.1 启动开发模式，定制你的专属平台

企业建立公众号之后，需要进行二次开发，才能呈现出更多的服务和定制特色，让用户在你的公众号中获得更多个性化的内容和信息。因此首先需要企业的公众号开启开发模式。

» 3.1.1 开发模式简介

开发模式是每个公众号建设的一种选择。在微信 6.0 以前，微信公众号还分为编辑模式和开发模式，而微信 6.1 之后，则有一个“开发者中心”板块，在这个板块中开启，并且“启用更多接口”就可以进行开发模式的建设。

开启开发模式有很多优点，比如可以利用第三方接口进行各种服务的嵌入，比如天气查询、股票实时查询、快递单查询等。同时，企业还可以链接百度 BAE 或者企业自己的大数据库，进行更快、更合理的管理微信公众号。

所以，我们看到很多比较大的企业，往往会开启开发模式，将企业的大数据与微信公众号链接，让用户可以快速实时获得查询信息。例如，格林豪泰酒

图 3-1 格林豪泰酒店微信开发模式

店在微信公众号中有一个“快速预订”酒店接口，点击即可进行格林豪泰酒店的预订，如图 3-1 所示。这就是格林豪泰酒店微信公众号启动开发模式之后获得的便利效果。

» 3.1.2 开发模式启动流程

那么企业如何进入开发模式的启动流程呢？首先打开微信公众号，点击“开发者中心”进入开发模式的编辑中。在“开发者工具”中选择自己需要的选项，然后打通接口，进行数据的连接，实现开发模式，如图 3-2 所示。

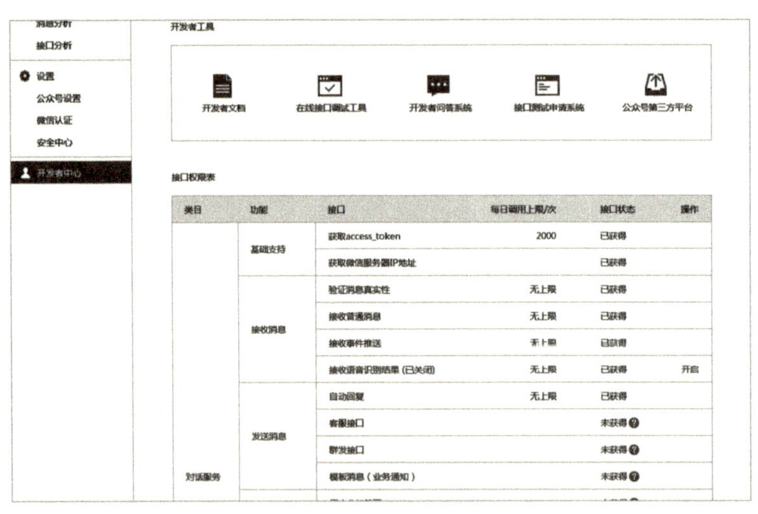

类目	功能	接口	每日调用上限/次	接口状态	操作
对话服务	基础支持	获取access_token	2000	已获得	
		获取微信服务器IP地址		已获得	
	接收消息	验证消息真实性	无上限	已获得	
		接收普通消息	无上限	已获得	
		接收事件推送	无上限	已获得	
		接收语音识别结果（已关闭）	无上限	已获得	开启
	发送消息	自动回复	无上限	已获得	
		客服接口		未获得	
		群发接口		未获得	
		模板消息（业务通知）		未获得	

图 3-2 开发者中心

事实上这种开发模式启动流程简单来说就是要先验证你的服务器地址，完成验证之后，用户一旦给你的微信公众号发来消息，那么腾讯微信的服务器就会将数据发送到这个地址上。

当你的服务器接收到数据之后，输出一个 XML 格式结果，腾讯的服务器也会自动抓取，最终返回信息给用户。用一个流程模式来表达是这样的：微信用户发送信息→腾讯服务器→提交数据到企业服务器→输出数据→腾讯服务抓取和接收→返回信息→微信用户。

企业最需要做的就是在自己的服务器上，发挥自己的想象力，设计出各种趣味性、个性化的功能程序的逻辑实现，比如各种实时“查询”等功能。因此，还没有开启开发模式的企业，需要提前去学习一下服务器端脚本语言。

小贴士

开发模式的启用，让企业的微信公众号能够在更大程度上满足用户的个性化需求，因此企业需要开启这种模式，接入更多的服务和接口，让用户对企业有所依赖，实现更优化的营销服务。

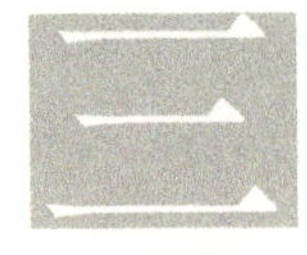

3.2 使用云平台搭建公众账号服务器

对很多企业来说，开发者模式是一个非常诱人的模式，可以定制属于自己的个性化服务，更多地实现微信公众号的功能。使用云平台来搭建公众号，开发更多接口，让微信变得更加有个性和合理。

» 3.2.1 通过百度 BAE 搭建公众账号服务器

利用百度云来搭建公众账号之前，企业必须要符合两个要求：第一，要有微信公众账号；第二，要有一个百度 BAE 开发者账号，如果没有，可以前往相关网站申请。随后，企业就可以在百度 BAE 创建新项目并且完成 BAE 的基本配置。

第一步，打开“管理中心”，选择要创建的应用类型，在“应用名称”中选择输入“bae 微信”。第二步，点击“确定”，如图 3-3 所示。

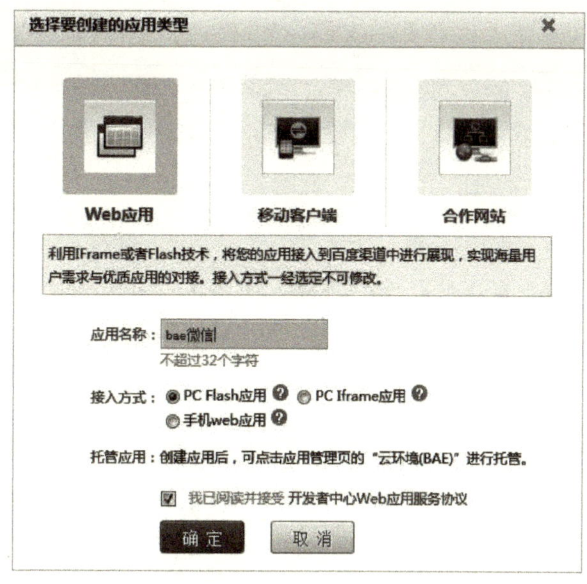

图 3-3 BAE 创建新项目并且完成 BAE 基本配置

第三步，创建一个 BAE 基础的 DEMO 项目，并使用 eclipse checkout 作为出代码。第四步，修改并完善微信接口解析代码，然后企业再直接使用 SVN 提交修改的代码和 lib 下的 jar 包。第五步，进入微信公众号平台，进入开发者模式中，检查提示是否已经提交成功。

» 3.2.2 通过新浪 SAE 搭建公众账号

企业还可以利用新浪云，将服务器放在新浪云上，搭建微信公众账号。企业需要用一些特殊的代码来获得微信的 token，实现最简单的消息对话，也就是说用户说什么，企业就可以回复什么。

在此值得注意的是，企业设置的代码空格不能过多，否则很容易出错，而且代码还应该严格缩进对齐。

具体的做法为，企业要有一个微信公众号和新浪微博账号，然后进入新浪云计算平台的授权服务。接下来，企业就要填写一些安全设置，在这里，企业需要根据自己的需求如实填写。值得注意的是，企业设置的安全密码一定不能忘记，它是开启这个服务的重要步骤。在企业进行管理和服务时，需要输入这个安全密码进行二次认证，同时，设置代码时，安全邮箱和安全密码也是非常重要的。

随后，企业在“应用管理”中创建一个新应用。填写好基本的信息之后，二级域名和开发语言都将选择完毕。创建成功之后，会自动跳回到首页，在这里，企业可以看到刚才创建的应用。

做完这些准备之后，在弹出的菜单中企业可以选择“上传代码包”，然后将从微信公众平台中下载的代码包传上去，上传成功之后，就可以再次登录微信公众平台，然后进入开发者中心，填写好 URL 和 Token。在 Token 栏里输入“weixin”，在 URL 栏里输入企业刚创建的 SAE 应用链接。当这一切都操作完成之后，点击“确定”，就可以在接下来出现的页面中提示企业已经成为一个开发者，然后接入各种服务接口即可。

小贴士

无论是依靠百度云还是新浪云端来打造微信公众号服务器，都充分表明，企业可以借助各种二次开发模式来进行微信公众号的编辑，给粉丝呈现一个更完美的平台和服务。

3.3 二次开发，定制个性化的服务器

微信开发就是微信公众平台的开发，主要是企业将信息、服务、活动等内容通过微信网页的方式进行展示和表现，用户则通过简单的设置，就能看到企业的网站和信息。这样一来，企业不仅能有效减少宣传成本，还能建立起与用户一对一的互动和沟通。企业通过开发后的微信平台将用户接入企业的用户管理系统，进行各种促销、宣传等。

企业利用公众账号平台进行自媒体活动，简单来说，就是进行一对多的媒体性活动，比如商家通过微信公众服务号来进行二次开发，对接微信会员营销系统来展示商家的微会员、微官网等。

通过微信二次开发可以将用户紧紧地黏在微信平台上，用户和企业也可以更方便地在这个平台中沟通。可以说，二次开发，是企业定制个性化微信平台的重要过程。

» 3.3.1 服务功能

通过微信二次开发，企业可以在微信平台中实现一条龙式的全面服务，为用户解决更多的复杂疑难问题，比如接入客服、人工服务、订单查询、天气查询等信息。

有了这些实时的对接和服务，企业的微信公众号才能更加引人注目，让人们在这里得到更多的帮助和服务，从而让粉丝更加依赖企业。

比如宜家家居在微信中有一个服务号为宜家俱乐部，为了给用户提供更方便、更完美的服务，于是进行了二次开发，对接了更多的特殊服务。宜家俱乐部的低端自定义菜单中有一个“会员服务”，点击有一个“注册成为会员”的菜单。进入该环节即可在线实时注册成为宜家的新会员，如图 3-4 所示。此外，微信公众号不仅能够快速在线办理注册会员，还能提供办理遗失会员卡补领、管理电子会员卡等服务。

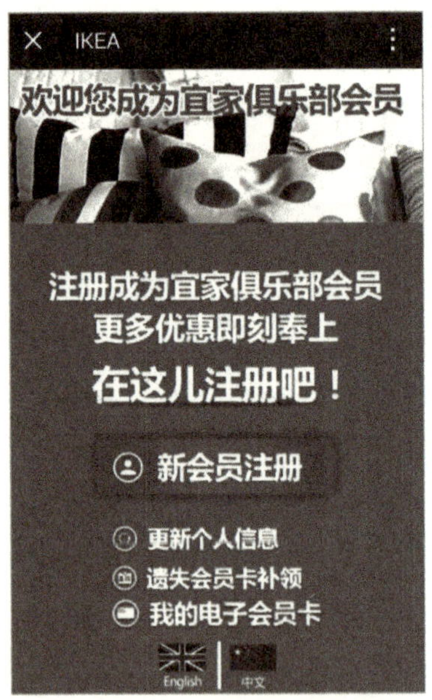

图 3-4 宜家俱乐部会员注册

有了这些服务，很多人都会关注这个服务号，从而一键快速办理宜家会员卡，而不用再去实体店排队等候办理。

微信公众号上的这种服务，满足了用户的需求，节约了用户时间，充分实现了服务功能，也体现出了微信公众号二次开发的优势。

再比如某餐厅对自己的微信公众号也进行了对应的二次开发，将更多的服务内容加入其中。比如会员卡充值，很多企业往往开设了微信会员卡办理，而没有提供充值服务，而该餐厅为了更方便用户，开设了微信会员卡的充值服务，如图 3-5 所示。

图 3-5 某餐厅微信会员充值服务

这更让用户感到兴奋，因为完全可以依赖这个平台办理在该餐厅的一切业务，享受餐厅的一切服务。

所以，企业必须要注重微信公众号的二次开发，对服务的设置和展现要做到尽善尽美，这样才能让用户充分信任我们。

» 3.3.2 娱乐功能

在微信二次开发之后，对粉丝来说，企业的公众号可以变成一个可以玩乐的地方，企业可以对接一些小游戏、小视频、闯关等娱乐功能，让微信公众号尽显更多娱乐特色。

联想电脑在微信公众号中通过二次开发对接加入了一个“微信聊天室”，在这里，用户可以与联想进行个性化的聊天。联想都会对用户一一回复，并且完全是人工聊天，让用户深刻体验到联想为用户设置的娱乐功能。

当然，除了聊天、游戏之外，还有很多的娱乐功能值得用户去开发和加入，事实证明，在微信公众号中加入更多的娱乐功能，能够让企业的微信公众号呈现出娱乐的特色，打上娱乐标签，这在用户的目光中，将会更加吸引人。

» 3.3.3 信息功能

通过微信的二次开发，可以让企业的微信公众号彰显出“信息大王”的特色功能。例如加入企业微官网，进行企业品牌宣传。企业的微官网是一个企业的门户，将企业信息、服务和产品以微信网页的形式全面展示给用户，让用户通过关注这个公众号，就能查看企业的最新动态、实时消息以及产品信息等。

再比如设立微信智能信息查询，让用户可以更方便查询信息和服务。微信智能服务在 24 小时期间不停地为用户提供服务和信息查询，让用户能够第一时间得到想要的信息。

此外，微信公众号一键拨号，一键导航等信息也是企业微信公众号非常有必要加入的信息功能。这样用户可以通过点击菜单的方式直接进入手机的拨号功能，或者一键导航，直接查看当前位置以及周边设施。这样的信息全面定位，也能让用户对企业的微信公众号有好感，同时能吸引更多的新粉丝关注，从而提高企业的微信知名度。

凯迪拉克在微信公众号中有一个“官方网站”的链接，其实这是凯迪拉克经过二次开发之后，对接的一个微官网，用户点击之后即可进入到凯迪拉克中国的官方微网站，在这里，不但可以了解更多凯迪拉克的豪华车型，还能在线一键预约试驾、经销商信息查询等内容，如图 3-6 所示。

图 3-6 凯迪拉克微信微官网信息展示

可以说，这样尽善尽美的信息呈现，让凯迪拉克的用户对企业的微信公众号充满了依赖和黏性。因此，企业一定要重视在微信公众号的二次开发，将信息功能充分体现出来。

小贴士

企业的微信公众号二次开发是企业在微信营销中获得更大成功的一个必要阶段和历程，无论是信息、服务还是娱乐功能的体现，都应该发挥企业的想象，将更个性化的内容对接加入，展现出微信公众号的特殊魅力。

第四章

内容为王，不精彩怎么行！

在微信营销中有这样一个不成文的规定：“无内容不营销”。事实上也是如此，假设你建立了一个微信公众号，却只是呈现一些简单的产品和服务，而没有任何的内容装饰，这样的微信公众号是用户愿意关注的吗？答案肯定是不愿意。因此，微信营销中，少了内容行不通。有内容就可以了吗？这个内容如果不够精彩也不行，因此，内容固然要有，而且还要做到精彩绝伦。本章从内容的标题开始讲起，帮助企业将微信公众号的内容做得完美精彩，让粉丝叫好。

4.1 做个“标题党”

何为标题党？通俗来讲就是在互联网上充分利用各种颇具创意的标题来吸引用户眼球，以此来达到各种目的人的总称。事实上，这些人的主要任务就是制造出有创意、吸引人眼球的标题。这在微信公众号的营销中，也是展现良好内容的一个开端，是企业必须要做到的。

好的内容首先就要有一个好的标题，才能抓住用户的眼球。好的标题不但能够吸引读者的目光，还能牵动对方，产生阅读的欲望。然而各类标题层出不穷，如何吸引用户呢？这需要企业在多个方面进行思考。

» 4.1.1 悬念式

在互联网中有各种内容的新鲜标题不断出现，吸引着人们的目光，有些是攀龙附凤，有些是通过挖掘内幕吸引人。这就好像拍电影，什么样的题材都有。而更关键的在于你要给电影起一个什么样的名字，比如你要拍一个悬疑电影，如果在名字上没有体现出悬念，那么恐怕人们也不会将电影联想到悬疑，可能会让喜欢悬疑电影题材的用户流失。

所以，标题很重要，下面我们就来讲一下悬念式的标题制造。在微信公众号的内容营销中，标题是吸引用户第一印象的重要环节。而且人们往往会对不知道的事情感到好奇，随着这种猎奇心态，人们会继续看下去。

在天涯论坛中曾有这样一个标题吸引了人们的目光：“一个馒头引发的血案”。从标题上人们就非常想继续看下去。因为标题就充满了好奇和悬疑色彩。因此，这个标题就为这个帖子带来了空前的点击率和浏览量。

在微信公众号营销中，如果你的内容不那么出彩，或者没有太多吸引人的地方，那么就要使用一个充满悬疑色彩的标题去吸引人们阅读。

如何制造一个有悬念的标题呢？

设问方法

想要让你的微信内容标题有悬念，首先最简单的方式就是打造一个设问句。提出一个核心问题，抛给用户。通过这种设问的方法，引起对方的注意。

例如，巴黎欧莱雅在微信公众号中有这样一篇文章非常吸引欧莱雅的粉丝关注。仅从标题上，粉丝就会把持不住，因为它不但有悬念，而且用设问的方式，引起了人们的好奇。标题是这样的：“如何翻墙进入高端机密明星朋友圈？”如图 4-1 所示。

图 4-1 巴黎欧莱雅微信中的“明星朋友圈”悬念标题

这个标题非常有吸引力，不但悬念意味重，而且用明星口味带动了粉丝的好奇。因此，这个内容吸引了很多人的关注。

在标题悬念设置中，虽然企业可以用设问的方式来进行，但是一定要注意，你提出的问题要有吸引力，不能太过神秘，无法理解，也不能太过简单幼稚。

用“秘密”来打造悬念标题

大家为什么爱看悬念标题？原因在于人们有猎奇心理，愿意去探究那些令人好奇的事物。没错，企业必须要抓住粉丝这种猎奇心理，而秘密则是最好的猎奇诱饵。因此，企业要学会用“秘密”来打造悬念标题。

在标题中加入一些神秘的色彩和秘密的元素，让用户去猜测或者带着这种猜测去阅读内容。康师傅牛肉面在微信公众号中就善于运用这种方式来打造悬念标题。如有这样一个标题吸引了人们的目光：“论牛魔王身上 3 个不得不说的秘密”，如图 4-2 所示。

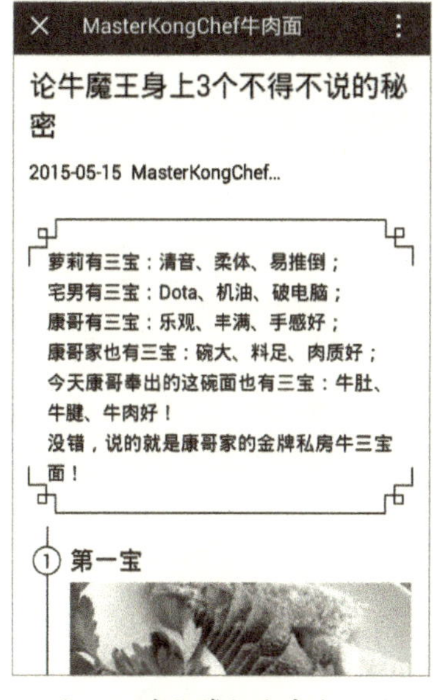

图 4-2 康师傅红烧牛肉面的秘密悬念标题

这个标题一下子就将粉丝带入了一个探究秘密的世界，于是很多粉丝就会在这种猎奇的心理下去一探究竟。

» 4.1.2 故事式

在移动互联网快速发展的今天，每个能够称得上是营销专家的人，其实不仅在于他们有三寸不烂之舌和他们多么会策划活动，还在于他们会讲故事。在当今这个时代中，不会讲故事的营销者，不是好的营销者。甚至有人称，一个好的总编，足以抵挡 100 个销售员。

如今人们注重精神消费，买一个东西或者享受一个服务，并非简单地是需要这个东西，而是在心理上有这个精神层面上的需求。所以，这就要看营销者如何打动消费者。

在微信营销中的内容标题中，故事性的标题很有必要。一个好的充满故事意味的标题，可以促使粉丝去阅读，而且还能带动粉丝广泛传播下去。

在制造一个故事性质的标题时，有一个原则非常重要：故事的真实性。在微信营销中，不要以为用户看不到你，摸不到你，就可以“欺骗”用户，事实上，越是学习你的东西，用户才会越敏感。因此，标题中体现出的故事性，越真实朴实，越能吸引人们的关注。

优衣库在微信内容中善于运用故事的标题吸引人们的注意，比如“那些年傍晚 6 点，你在电视机前等谁？”，如图 4-3 所示。这是优衣库推广自己的新款 T 恤衫的内容，运用了回忆儿时看动画片的方式来引出自己的卡通图案 T 恤衫，不但故事真实朴实，而且还给用户带去了美好的回忆，所以这篇内容的访问也就很多。

图 4-3 优衣库故事标题

» 4.1.3 情感式

标题中充满情感，更能打动人，让人内心震撼，会真心去阅读，甚至购买。百岁山是一个茶叶品牌，百岁山曾经就用了一篇充满情感的软文打动了众多年轻人，短时间内提高了产品的销量。

百岁山的感情方式表现在，运用了当下年轻人对父母的愧疚态度。百岁山在文中顺其自然，悄无声息地将文章的主题引入到了百岁山茶叶身上，从而激发了用户购买一个百岁山回去陪伴父母，与父母一起喝喝茶的愿望。

所以说打情感牌，最容易抓住人心。在微信营销中也是如此，微信内容本身就不会太长，而如何让用户在标题上动感情，才是最关键的。这就要求企业在标题的设置中加入情感化。

针对当下人们的内心需求策划标题

上述百岁山茶叶的软文之所以能够获得成功，在于编辑看透了当下年轻人对父母的愧疚心态。而在微信营销的标题策划中，也应该如此，要想引发用户共鸣，就要针对当下人们的内心需求来策划标题。

2015 年 5 月初，临近母亲节，立顿茶在微信公众号中推出了这样一个标题文章："妈妈，这次换我'宠溺'你"，如图 4-4 所示。这是一篇针对当下年轻人对父母感恩的情感。在母亲节之际，这样的标题很明显就是在赚取眼泪。在标题上，这句"换我宠溺你"足以戳中人们的泪点，让人们看了标题就想哭，从而深深打动读者。因此这篇文章也吸引了很多粉丝关注。

图 4-4 立顿微信情感标题

大胆告白发动情感攻势

在标题的设置中，想要用简单的几个字就引发人们的情感，触动人们的内心，说起来比较难。但是只要掌握了方法，其实也不难。在标题中，首先就要大胆，要用大胆的告白，说出你的爱，表达出你的情感攻势，带动粉丝的共鸣，发动粉丝一起参与。

兰蔻是一个化妆品品牌，在微信公众号中向来以开展一些免费活动、促销活动来吸引粉丝。但在 2015 年 5 月的母

亲节期间，兰蔻却煽情了一把。运用了大胆向妈妈告白的方式，发动了情感攻势，让更多人对兰蔻有了更好的印象。它的标题是这样的："妈妈，你不知道自己有多美"，如图 4-5 所示。

图 4-5 兰蔻微信情感标题

这个文章在短时间内吸引了 4 万人阅读，上千人点赞，并且通过这个标题，人们也意识到了兰蔻化妆品对中年人的关怀，从而为品牌带来了更多粉丝。

» 4.1.4 恐吓式

恐吓式的标题方式也是内容营销的一个技巧和方式。其主要的目的就是使用一些看似"触目惊心"的话语来让读者看到某些事物的重要性，刺激用户在第一印象上产生恐惧心理，但是却又因为它的神秘和恐惧感，吸引用户去阅读。

从另一个角度来说，恐吓标题属于反情感诉求，往往会刺激到用户，与情感形成反面对比，这样会让标题更深刻。

恐吓式标题的策划可以从两个方面进行。第一，与正面的事物形成鲜明对比，让用户“害怕”之余会想要一探究竟；第二，用一些比较“吓人”的字眼，让人们害怕，来吸引人们的猎奇心理。

比如联想在微信公众号中有这样一个恐吓式标题：“站住，你们被通缉了！”，如图 4-6 所示。这其实是联想在向粉丝讲述如何防止黑客入侵的文章。但在标题上，却用恐吓的方式深深促发了人们的点击和阅读。

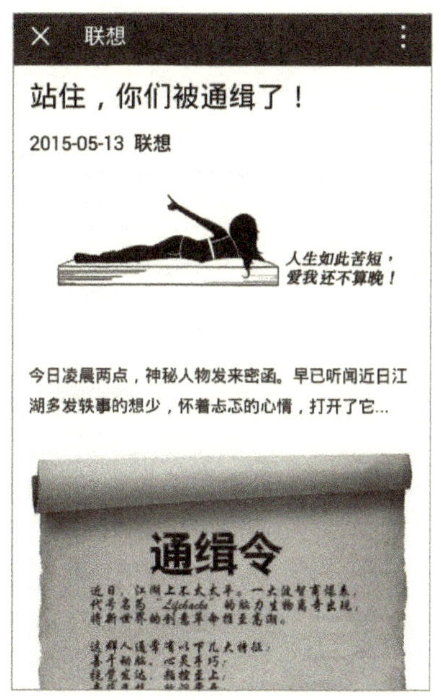

图 4-6 联想“恐吓”标题

» 4.1.5 促销式

微信毕竟对企业来说是一个营销工具，所以，促销，让用户购买产品是根本，因此在内容标题中，企业最好要将促销式的方式融会贯通。因为促销式的标题可以让用户感受到企业的“大吐血”，可以刺激用户的购买神经。同时，还能带动用户更大程度上去广泛传播。

在促销的标题中，企业要领会一个重要的规则：促销要狠在字眼上。

没错，一定要在标题上“狠狠”地体现出促销的意味，让读者在看到时，会感受到企业的大吐血促销，这样才能激发用户去阅读，甚至购买。

vivo手机在这方面做得很好。2015年5月中旬，vivo X5Pro手机全新上市，为了主打这款产品，vivo手机在微信中给粉丝发出了这样一个重磅的促销标题：X5Pro心动上市，0元预购享好礼！如图4-7所示。

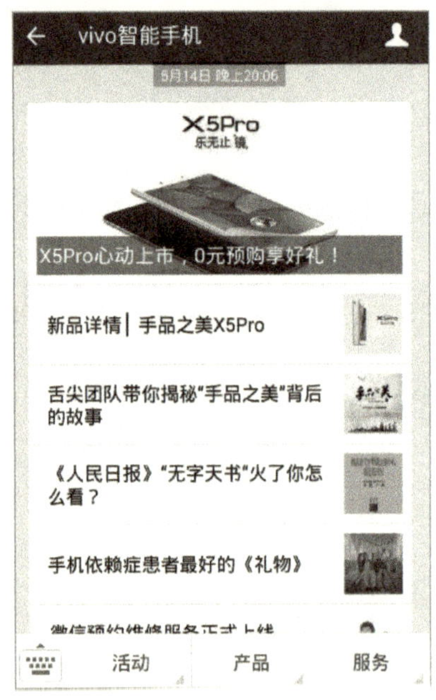

图4-7 vivo手机促销式标题

这个标题中出现了新产品“心动上市”，也出现了“0元预购”的字眼，因此无论从产品还是从价格上来说，都非常“狠”，这种“狠”也能快速激发用户的购买和消费。果然，vivo的这个促销标题非常成功，让这款手机才刚上市就通过微信获得了前所未有的成功。

» 4.1.6 新闻式

什么是新闻式的标题？顾名思义，就是标题要写得像新闻。新闻标题的结构要符合 3 大要素：主题、引题、副题。首先是主题，一定要体现出标题的核心部分，说明新闻中最重要或者最吸引人的事实和想法。主题部分在整个标题中占据的位置是最显赫的，也是最重要的。

其次是引题，引题就是引出主题的内容。通过一些叙述等内容来引出主题，让长主题简短，甚至还可以通过提问等方式引出主题。

最后是副题，副题起到的作用是解释和补充主题。

因此，想要列出一个新闻式的标题，必须要符合以上 3 大要素。当然了，在微信营销中，一切都以粉丝为主，不必全部都完整地按照新闻标题格式来设计。但是主题和引题一定要明确，这样才能让粉丝一眼就看明白是怎么回事，从而才会点击阅读，强化吸收。

携程旅行网在微信中就时常运用一些类似新闻格式的标题来吸引人们的关注。例如 2015 年 3 月底，为了推出春季旅游产品，携程在微信中给用户发了这样一个内容，标题是这样的："【春游抄底价】全国出发机票低至 88 元"，如图 4-8 所示。

图 4-8 携程新闻式标题

在这里，【春游抄底价】就是新闻的主标题，简单有力地说出了携程春游产品的底价，让人们快速看到了这篇文章的主题。然后"全国出发机票低至 88 元"，其实就是引子，引出了这个【春游抄底价】的主题。让更多人详细地看到了底价的区域和范围，吸引有需要的用户认真阅读。

» 4.1.7 对比式

对比式的标题目的就是通过一些数字、事实等资料与同行产品或者服务做出对比，或者让粉丝在看到这些数字时，在脑海中快速形成一个简单的对比，然后通过对比发现企业的优势，从而选择企业。

在标题上，对比式的标题往往体现在一些数字上，因此运用好数据，是实现对比标题的一个重要前提。

一号店在微信公众号的内容标题设置中，往往会习惯使用一些数据来彰显与其他行业的对比，让更多用户选择一号店。例如一号店曾有这样的一个标题："五一家电节福利大放送，19 元家电天天秒杀！"这个标题通过一个简单的"19 元"和"天天秒杀"的概念，给更多粉丝传递了一个对比的概念，让更多粉丝对一号店产生了好感，甚至还会快速登录一号店寻求这些家电产品，秒杀成功。

» 4.1.8 热门式

在众多标题中，还有一种是热门式，就是借助当下最热门的话题、事件、明星人物、影视元素、新闻事件等来编辑标题，吸引人们的眼球，让标题放大，让品牌提升。

因此，热门式的标题可以称得上是跟风状态，但是这个风跟得好会很吸引人，跟得不好也会惹恼不少人。所以热门式的标题也应该有一些方法。比如积极跟随当下的流行影视元素，运用明星热点、热播影视剧等新鲜元素来设计标题。此外，还可以大胆使用一些热门流行词汇，让这些雷人、流行的词汇来吸引更多粉丝关注。

2015 年 4 月，在互联网中流传着这样一个流行话题："世界那么大，我想去看看。"这是一位普通的女教师辞职时，写在辞职信上的唯一话语。正是这种简单率直的话语和追求自由的个性，引发了微博、微信网友的追捧。一时间"世界那么大，我想去……"的话语迅速成为热门元素。

于是很多企业便借助这个流行元素缔造了一个又一个成功的营销方案。在微信标题中很多企业也开始尝试这种流行热门元素的搭配。比如宜家家居在2015年5月1日期间，为用户在微信上送上了“宜家那么大，5.1我想去逛逛”。这个标题不但流行热门元素浓烈，而且还引发了人们的追捧，如图4-9所示。

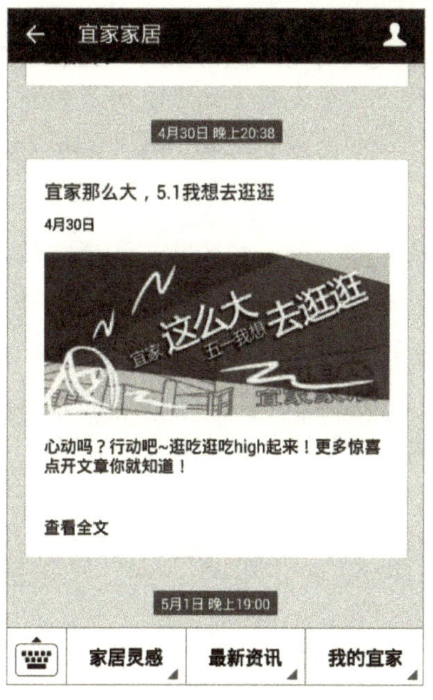

图4-9 宜家家居跟随热门标题

小贴士

无论是哪种方式的标题设计，企业都应该慎重再慎重。一定要在标题使用中遵循以下7点规则：准确、简单、通俗、新鲜、鲜明、形象和善美。只有遵循这些要素，才能让每个形式的标题都散发出其最大化的魅力，从而吸引人们的关注。

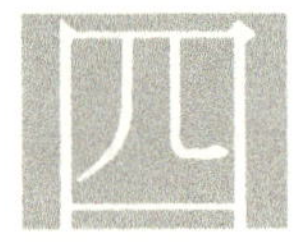

4.2 角度不同，效果就不同

根据不同的角度来写软文，会产生不一样的效果。阿基米德说过：“给我一个支点，我可以撬动整个地球。”如果我们把微信公众平台比作一个地球，把软文比作一个杠杆，那么角度就是那个支点。软文的写作，一般有3个角度，分别是产品、用户和第三者。这三者的效果和影响是相辅相成的，并不存在哪个对用户更有杀伤力。所以，要想写好一篇文章，使其达到吸引用户的目的，就必须合理地安排这3个角度。

» 4.2.1 产品角度，专业才能专注

微信软文和硬广不同，硬广因为受到字数和时间的限制，所以它的表达方式就会略微夸张，以夸张性、第一眼的震撼性来激起用户观看或是购买的欲望。但微信软文不是如此，它的核心是要通过严谨的逻辑说理来体现产品的功能，从而显示出该微信平台的专业性。

以产品为角度写出来的文章，能引起几种效果：第一，如上文所述的，体现该微信平台的专业性，用户会更容易相信你；第二，通过对产品专业性的介绍，

能激起用户的购买欲望，例如你在写这款产品的某个功能时，用户刚好需要这个功能，那么就等于是切中了用户的这个需求点。第三，专业会引起用户对该平台的专注，如果你的文章写得特别专业，那么一直关注这款产品的用户就会因为你的专业持续关注你的文章。比如说，你对产品的描述、解释、说明比其他公众平台的要好，那么用户肯定会选择关注你的文章。

既然如此，怎样从产品的角度来写微信软文呢？可以参照以下几点。

以小见大，文章才更有深度

一个产品和服务有很多内容可以写，例如手机，就可以写上像素、触屏、屏幕大小、通话、内存等几十个指标。如果胡子眉毛一把抓，样样都写就会样样松。所以从产品角度来写软文时，要从小角度入手，集中一点，这样效果会更好。例如一次只写手机的一个功能，比如说像素，那么通篇文章就围绕该款手机的像素来写。这样就会写得更深，也更透。或者是围绕该款产品的优势来写，如果你的产品有其他同类产品没有的优势，那么你就着重抓住这一点，把自己的优势写到位，例如你的手机是 8 核，内存是 16GB，那么就可以围绕这一点来写。角度小，就更容易写得有深度，也就更容易引起用户的注意。

不落俗套，文章才更有新意

从产品角度来写文章，除了角度要小，也还要创新，不落入俗套。微信公众平台是个汪洋大海，每天都有成千上万的软文出现，你如何才能从中脱颖而出？这肯定离不开创新，这个创新不是说你写文章的格式要有多新，用词用语要有多潮，而是指对同一个问题和事物，有新的看法，有不同的见解。从产品角度来写软文更是如此，同类产品那么多，围绕产品写的软文也多。有些软文一出来，就让用户看起来很面熟，似乎在哪儿见过，这并不是说你抄袭，而是材料陈旧，又没有新的角度。要在文章中显出对产品的新颖的、合理的见解，用户才能时常关注你的文章，并愿意分享给自己的朋友。就像是一些读书类的公众号，更要显示出对人物、书籍的独特见解，正所谓“有多少个读者就有多少个哈姆雷特”。

就像小米手机的微信公众平台的文章就是围绕着产品来写的，在为小米手机做宣传时，它并没有将所有的功能都集中在一起一把抓，通通都写上，而只是围绕着一个点来写。如连载几篇微信软文都是专门写 SD 卡文件的问题和功能，如图 4-10 所示。

图 4-10 小米手机微信公众平台文章

从图片来看，2013 年 1 月 21 日，小米的微信开始连载“SD 卡文件夹详细解释一”，文中所有的内容都是告诉用户如何清理 SD 卡中残存的文件，其中总共列出了 50 个点。从第一点“.android-secures 是官方 APP2SD 的产物，存储了相关的软件使用认证验证，删了之后装到 SD 卡中的软件就无法使用，小心别误删到 Glu 系列游戏的资料包存放地，如 3D 猎鹿人，勇猛二兄弟”等相关 SD 项目的删除方式，小米都为用户一一做了详细的解释。

第二天，小米又继续推出了“SD 卡连载 SD 文件夹详细解释二”。这一篇也列出了 SD 卡中的 34 个清除点，从“apadqq-images qq for pad 的缓存目录”

到“p2pcache是观看视频的缓存地”也都做了非常详细的说明。

从小米的案例中我们就可以明白，从产品角度来写微信软文，除了要在文章中体现出专业性，还要以小见大，突出产品的某种功能，将产品的某种优势写大、写深，这样才能吸引到用户关注的眼光。

» 4.2.2 用户角度，感性才能感动

互联网思维的核心是用户思维，互联网企业所有的思维和产品都是以用户为出发点，这在写微信软文也一样，也需要从用户角度出发。用户需要什么，我们写什么，用户想看什么，我们写什么。只有将文章写得“感性”，用户才会被感动，从而得到他们的关注。

写文章除了要把握用户的需求，还要了解用户的心理，用户对什么样的文章感兴趣，我们怎样写文章才不会让他们感到厌烦，这些都是需要事先了解的。例如你想为自己的产品做宣传，如果你直接宣告“我们公司推出新产品啦！”这种方式，相信用户肯定会果断取消关注，所以一定要用另一种方式来引起用户的兴趣，让他们在阅读的过程中感受到一种趣味性。

了解用户的需求，才能让文章变得“感性”

怎样使文章变得感性，怎样让用户感动？这就要了解用户的需求是什么。了解了用户的需求，我们才可以围绕用户需求去书写一篇充满“感性”且让用户感动的文章。例如你是做服装的，那么你的用户肯定是对服饰比较感兴趣的；例如夏季来了，你的企业或是店铺会推出什么新品，或是已经推出了什么新品，那么就可以围绕服饰的设计理念、流行元素、面料、价格、搭配等来写这篇文章。如果你围绕这些点来写，那么有这方面需求的用户肯定就会关注你的这篇文章。

了解用户心理，让产品文章不再生硬

宣传类的文章很容易让用户产生厌烦的心理，那么如何才能消除这种心理呢？故事对人类总有一种先天的吸引力，我们如果想为企业或产品做宣传，写

出来的文章有时难免会有生硬之感，但如果用故事来包装产品，将产品信息巧妙地包装在故事中，用户就能在倾听故事的过程中感受到产品的生命力，从而提升对文章的接受程度。现在市面上有很多广告，都是用讲述故事的方式来为产品做宣传，如益达口香糖、飘柔洗发液，他们让消费者沉浸在如偶像剧般的广告中的同时，又感受到了来自产品的魅力。写文章也一样，要做到“随风潜入夜，润物细无声”。

利用社会热点或名人效应来写文章，打破用户的麻木心理

有些文章发表出来，没有什么关注度，这是因为用户已经对很多文章产生麻木感。我们可以在文章中加入社会热点或是与名人的连带关系，打网络推广的擦边球。人们对名人的关注度很高，如果能借到这股东风，那就万事大吉了。就像是淘宝上的明星同款的异常热卖，这就是明星效应。还有前段时间，成龙的“duang”红遍网络，很多明星、企业、微博红人都会用上这个社会热点，微信上也出现了许多相关的文章，效果都很不错。

支付宝微信公众平台的粉丝数不胜数，刚开始运作时，关注它的基本上就是支付宝的用户，后来，有很多非支付宝的用户也在关注支付宝，最后支付宝把这些原本不是支付宝用户的微信用户变成支付宝的用户。支付宝是如何做到的呢？这就是因为负责微信公众平台软文撰写的员工太有才了。他写的软文，虽然是从产品角度出发，但是却在专业之余又特别逗趣，非常有新鲜感。那么现在就来看看，支付宝是怎样写微信软文的吧！

如图 4-11 所示，支付宝是以“吓死本宝宝了，台风来了怎么办？”为文章的题目，这篇微信软文其实就是抓住了社会热点——“苏迪罗”台风。这是新中国成立以来江浙地区最大的台风，达到了 17 级，人人都在关注此次台风的情况。于是，支付宝就借此热点来宣传自己的产品。

图 4-11 支付宝微信文章

文章的开头就叮嘱大家台风天气不要往外跑，早点回家，注意安全，还特别幽默的配上一张图片和一段文字："周末注意安全，减少外出，如果一定要外出的话，一定要拖住这个胖子啊……"，然后引出这个时候最关心我的居然是支付宝，接着便介绍支付宝的"城市服务"功能，通过这个功能可以随时查看台风动向，最后再加上台风天气应该注意的事项。如图 4-12 所示。

支付宝以这种方式写文章，其实就是为了宣传自家产品，让用户了解支付宝都有哪些功能。他们知道如果直接写，用户肯定会感到很无聊，产生不了什么兴趣。支付宝抓住了用户关注社会热点的心理，以近期最受关注的热点——台风来吸引他们的注意力。在这种情况下，用户自然而然地就接受了支付宝对于新产品的宣传，并且因为该文章还加深了印象。

以这种特别的方式向用户推广自己的产品，用户既不会感到无聊，又能进一步加深对支付宝的了解，充分把握住了用户们的需要。

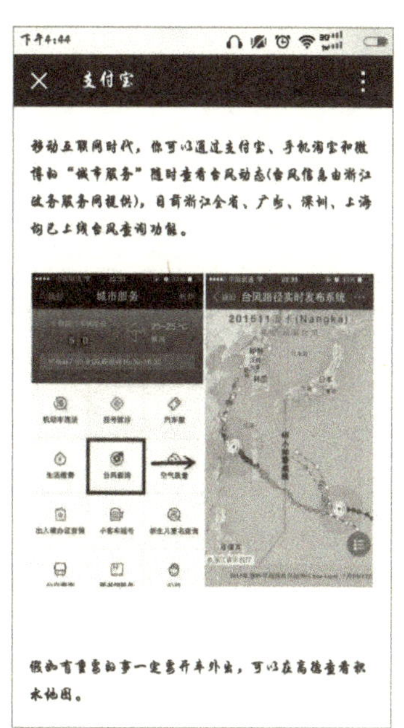

图 4-12 支付宝文章中所介绍的"城市服务"功能

总而言之，从用户角度写文章，一定要把握住两点，一是根据用户的需要，二是了解用户的心理，再将两者结合，这样写出来的文字才会让用户感兴趣。

» 4.2.3 第三者角度，客观才能使人信服

想要一篇微信软文发挥它的效益，首先就要做到把自己置身于客观的角度，即第三者的角度。若是一篇文章中出现了我们的产品如何如何，企业信誉如何如何，就完全失去了客观角度的说服力。无论你说的是否是事实，用户都会认为你是“老王卖瓜，自卖自夸”，很难产生信服力。所以作者要有置身事外的客观态度，不能将宣传产品的目的赤裸裸地在文中表现出来。

如果你想用一篇微信软文来说明产品的优势，就要站在客观的角度，对同类型的产品进行横向或是纵向的比较，从而客观地体现出产品的优势和卖点，让用户产生购买的冲动。

那么从第三者角度来写软文，都有哪些地方需要注意呢？

使用的文字要客观谨慎，避免浮夸

从第三者角度写软文，注重点就是客观，所以在使用文字时，千万不能使用浮夸的文字，例如“这款产品的效果真是太好了或是用过的人都说好！”这样的文字，不但毫无艺术性可言，更会让买家产生浮夸不可信之感，甚至还会质疑作者是不是个骗子。所以使用文字一定要客观谨慎。

如果选择与其他同类产品进行比较，要注意不要诋毁他人的产品，故意吹捧自己家的产品。如果出现类似于：“这款产品很贵，功能又很烂或是一点效果都没有”这样的字词，那么你的这篇软文肯定是失败的。

所以如果想突出自家产品的优势，选择与其他的产品进行比较，就要以第三者的口吻客观地点评两样产品的优劣之处。没有产品是完美的，你的也一样，所以在点出自家产品的优点时也要点出缺点，然后再比较说明双方的优势和劣势是什么。这样的软文才会给用户一种客观可信赖之感。

感情冷静自持，爱憎不可分明

在利用软文推广的过程中，如果想要让用户感动，那么添加感情色彩是必需的。例如你可用一个故事来包装你的文章。从第三者的角度写文章，无论是写故事还是写产品，都要以一种局外人的身份来对待，感情要冷静自持，爱憎不可太分明。如果作者在文章中过多地显示出自己的情感，那难免会让用户产生一种“你的观点因为你的喜欢已经发生了变异，已经失去了客观、可参考的作用”的感觉。这就像某个比赛，你是评委，但因为你特别喜欢某位选手，且在言行之中表现得特别明显，那么这位选手无论表现得有多好，如果你给了高分，给了高评价，都会让观众认为你是因为喜欢他才给他高分，你的评价没有公信力。

“手机大师兄”写了一篇关于 iPhone6 Plus 的微信软文，就是站在第三者的角度来写的。在该篇文章中，“手机大师兄”说做了个调查，为什么人们喜欢 iPhone6 Plus。他用逗趣的方式，列举了几个点，来说明产品的优势。首先，比起其他产品，这款产品的屏幕较大，符合那些喜欢大屏幕的用户的需求；其次，说明了这款产品的功能，比起 iPhone6 丝毫不逊色，更不用说其他的手机了；再次，强调了该款产品有强大的防水功能，这也是其他产品所没有的；最后，强调了这款产品的价值文化“高富帅、白富美”的象征，比起其他产品更符合爱面子的用户的需求，如图 4-13 所示。

图 4-13 “手机大师兄”写的关于 iPhone6 Plus 的软文

“手机大师兄”，通篇文章都没有用过一个夸赞之词，而是用一种逗趣且符合实际的语言表明了 iPhone6 Plus 的优势，也未显露出丝毫的个人感情，完全是站在第三者的角度来说明问题。

从这篇软文中可以看出，如果要站在第三者的角度来为产品做宣传，那么就一定要保持客观的态度，这样才能让人信服。

小贴士

产品的角度、用户的角度、第三者的角度，无论作者从哪一种角度来写软文，都要根据自己的需求和实际情况，想要体现专业就可选择产品的角度，想要博得用户欢心就可选择用户的角度，想要体现客观，使自己的文章有公信力，就可选择第三者的角度。每一种角度产生的效果不同，作者要合理地安排并运用。

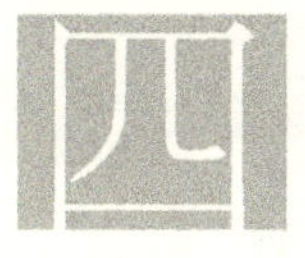

4.3 有技巧就是不一样

在内容为王的微信营销时代，如果企业只是漫无目的地给用户呈现内容，那么不但会在视觉上给用户造成混乱感，还可能会淹没精彩的内容。因此，微信软文是需要技巧的，只有有章可循，才能让内容体现出它的最优化状态，才能更加吸引人。

» 4.3.1 文章开头：4 种写法助你拿个“开门彩”

《琵琶行》中有句这样经典的诗句：“转轴拨弦三两声，未成曲调先有情”。这句诗词运用在微信营销的内容编辑中说明什么呢？在微信营销中，内容的开头一定要达到这种境界，才能称得上是绝妙。更多的人将互联网的软文开头比喻成为“凤头”或者“爆竹”，要先声夺人，才能让人受用。在微信营销时代下，内容文章的开头也应该达到这种境界。

然而，文章的开头也并不是你要随便抛出一个“爆竹”，它的过程依然有根有据。下面我们就来介绍 4 种文章开头的模式。

开门见山

开门见山是一种非常常见的文章开头写法。很多企业往往将开头安排得非常紧凑，一上来就直奔主题，直接引出文章中的主要故事或者人物。这是一种非常有意思的开头技巧。用这种方式，可以带领读者快速切入到你的微信文章的中心，让读者一看到开头就产生兴趣。

当然，在微信的文章内容中，企业还应该注意一点：所谓开门见山，就要快速入主题，绝对不能拖泥带水，而且还应该用通俗简朴的语言来开头，不要暗藏玄机。

小林拍客咖啡在微信中，为用户开门见山送了这样一篇文章：“极疯狂！分期购车送千升汽油！”在文章中，小林拍客开门见山就向粉丝推出了这次与某地建设银行的跨界合作，并且送上的福利优惠，如图 4-14 所示。

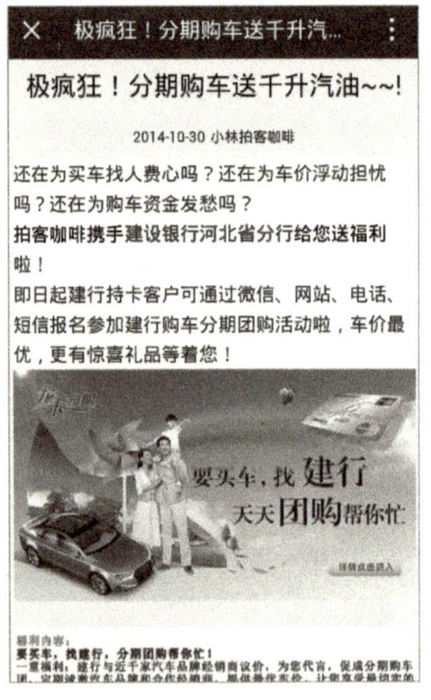

图 4-14 小林拍客开门见山的微信内容

用户只要打开文章，首先就能看到小林拍客的这个极疯狂的消息，让用户可以快速明确小林拍客的用意和活动意图。

情景引入

在微信文章的编辑中，企业还可以在开头运用情境导入的方式，有目的地引入或者营造一种目标所需要的氛围和境况，以此来激发用户的情感体验，从而调动用户的阅读兴趣。这种开头写法，往往能够起到预热主题的效果。

比如："儿童节前几天，我公司员工正在积极赶制一批儿童定制服装，这时候，一名员工的儿子突然跑过来在衣服上涂鸦。我们都惊呆了，因为这个涂鸦充满了童趣，充满了纯真，于是我们决定在儿童节这天……"

这篇文章的中心意思是表达企业在儿童节当天给粉丝的惊喜。但是在开头描写的这个场景，却十分感人，也正好为接下来的促销内容和整体的策划做到了铺垫。

因此，场景引入的开头模式，能够让更多用户在读到之后，立刻想象到某种场景，可以带动用户的情感元素，将用户深深吸引过来。

运用经典或者流行话语

在一篇微信文章的开头，如果企业能够精心设计一个短小、精练的句子，用它来引领文章内容，凸显出文章的主旨，那么一定非常精彩。当然，这需要企业的编辑者有很好的文化底蕴。如果没有这些条件也没关系，企业可以在开头运用一些经典名人的话语、流行的语录等，以吸引人们阅读。

这样的开头方式，不但能够在瞬间提高文章的档次，还可以显露文采，提高这篇文章的整体价值和内涵。

必胜客在这方面非常值得效仿，必胜客在一篇微信文章的开头这样写："在不被时间和社会束缚，幸福地填满空腹的那一瞬间，他变得随心所欲，自由自在……"这是《孤独的美食家》中每一集开头都会出现的语句。

必胜客用这句经典的台词引出整篇文章，让人们仿佛置身于美食世界中，寻求着自由和快乐。而必胜客在接下来再推广产品时，一定能够让粉丝细心看下去，因为必胜客的这篇文章有文艺气息。

给用户渴望

一篇微信文章，如何赢得用户的青睐和阅读呢？事实上，没有人会对平淡如水、毫无涟漪的文章感兴趣。因此，企业在文章的开头一定要给用户制造涟漪，让用户看到便有刺激感。而给用户渴望的技巧就能很好地吸引用户。

所谓给用户渴望，其实通俗地说，也可以是在一开头就抛出一个用户心理上想实现的事情或者急需要解决的问题。这需要企业根据当下的环境来很好地了解用户的想法。

例如，星巴克有这样一篇微信文章，在开头就运用了给用户渴望的方式，打开了用户的阅读空间。星巴克在开头是这样说的："想要环游世界品尝各地美食却没有时间没有预算？小星来帮你实现梦想，现在就跟着小星来一场美食的环球之旅吧。味蕾的旅行，出发！"，如图 4-15 所示。

这个开头就非常巧妙，不但带动了人们阅读，还激发了年轻人的梦想和追求，而在这个过程中，则一定少不了星巴克的陪伴。

图 4-15 星巴克巧妙的开头

» 4.3.2 文章布局：8 种方法让文章更精彩

什么是文章布局？在微信文章的内容中，就是文章撰写中对素材、文字以及数字的排兵布阵。通俗来讲，就是文章的结构，更简单来说就是段落安排。

在过去，文人对一篇文章的最佳布局有一个模式：凤头、猪肚、豹尾。也就是说一篇完美的文章，在开头要很美，然后中间内容要相近，结尾要强劲有力。总体来说，文章的布局一定要做到井然有序、气势连贯。

然而一篇微信文章的字数并不多，而且还要附加一些图片，所以如何在结构布局上吸引人，也是非常重要的。下面我们来介绍 8 种简单的布局方式。

悬念布局

悬念在一些精彩小说中是最为常用的一种布局方式之一。从技术上来说这也是一种“卖关子”的方式。作者设置疑团，然后不做解答，借此来激发用户的阅读兴趣。简单来说，它是在情节发展中，将内容情节、任务推到一个关键处，然后故意转移，不做交代。或者说出一个奇怪的现象之后，却不解释，让用户在看到之后，非常想要继续寻求答案。

在这种布局中，有 3 个步骤。第一，设置疑问。在开头或者前段设置一个疑团，这个疑团会随着内容的推进而逐渐剥开。第二是倒叙，将读者感兴趣和最关注的事情通过这种方式说出来，接下来再解释原因。第三是隔断，叙述那些比较复杂的事情。

通过这些方式，就成功地设置了一个具有悬念布局的文章，让用户深深地被你的文章所吸引。

抑扬顿挫布局

所谓抑扬的方式，在微信文章营销中也是一种常见的技巧。抑扬顿挫可以分为两大形式：欲扬先抑、欲抑先扬。欲扬先抑中的“抑”是为了更好地突出褒扬，而欲抑先扬则恰恰相反。

运用这种布局方式，可以让你的文章显得更加多变，情节曲折紧凑，形成鲜明对比，激发用户的阅读兴趣。

在微信文章的操作中，企业也应该遵循这样的布局，在恰当的时候，为了推广某一产品也好，为了推出某一服务也罢，寻找到恰当的时机，然后巧妙布局，让用户看到精彩的内容。

穿插回放布局

穿插回放从某种意义上来说，是一种记叙类的布局模式。利用思想可以超越时空的特点，以某种事物或者思想情感为主线，将描写的内容通过插入、回放、倒叙等方式，将文章组成一个整体。在微信文章的布局操作上，企业最好要选择恰当的素材，然后围绕其中一个点来组织材料。因此，这一点是需要企业根据产品特性、服务特点等具体情况具体变通。

片段组合布局

这种方式要求企业选择几个生动的典型的片段，然后将他们有组织地串联组合起来，然后共同表现一个主题。

海报网在这方面做得很好，有一篇叫“对于穿 POLO 衫，我从来都不将就！”的文章。在这篇文章中，海报网选取了多个穿 POLO 衫的街拍片段，比如有明星街拍，有模特街拍，也有时尚潮人的搭配街拍。运用这些片段来组合，并且引出了如何穿 POLO 衫，POLO 衫的搭配原则，为用户送上了最精准、时尚的 POLO 衫搭配法则，如图 4-16 所示。

图 4-16 海报网并列片段布局文章

并列布局

并列布局通常是作者所写的对象分为横向和静态两种情况。两部分之间毫无紧密联系，分别独立。但却都能拿来为共同的文章主旨服务。企业在写文章时，运用这种布局方式，可以将文章表现得很有条理性，把一个问题能够从不同角度、侧面进行阐述。

在微信营销中，企业可以为了突出主题，运用一些比较热门的元素或者信息来进行并列布局，因为这样可以在更大程度上吸引粉丝。

对比布局

对比布局，从字面意思上可以看出，这是通过正反两面情况的对比来分析论证的观点的一种结构方式。在组织这样的文章时，企业一定要注意，全篇都要运用对比的模式，将道理讲述得更透彻鲜明，这样才能更有说服力和吸引力，让读者仿佛置身于一场精彩绝伦的辩论会一样。

步步紧逼布局

在微信文章中，想要赢得用户的掌声，务必要在布局中体现出层层紧逼、环环相扣的紧凑局势。从现象到本质，从事实到道理，都应该步步紧凑。强调一点，在这种布局上，企业要特别注意文章的前后逻辑关系和顺序层次。只有严密的逻辑，才能够真正有说服力。

总分总布局

总分总的布局模式在营销文章中是最常见的一种布局结构。首先在开头引出主题，然后在中间详细叙述，给用户呈现一个精彩的内容，最后在结尾进行总结和归纳。值得注意的是，企业在进行这种布局时，一定要注意前后紧密联系，不能偏离主题，只有这样才能让文章整体一气呵成。

» 4.3.3 文章收尾：9 个小技巧避免“狗尾续貂”

每一篇好的文章，都离不开一个有趣味的结尾。开头、中间即便再精彩，如果没有一个好的结尾，那么也如同虎头蛇尾，很容易让粉丝失望。因此，写微信营销文章时，一定要注重给粉丝一个恰当的收尾。

自然收尾

在介绍一个产品或者服务的文章中，如果表达完了内容，那么就应该想到结尾。首先最常用的结尾就是自然收尾。自然而然跟随文章的结束而画上句号。这种方式通常运用在记叙性质的文章中，以事情终结作为自然收尾。

首尾呼应

一篇文章的开头和结尾在严格意义上来说，一定要首尾呼应。比如在一篇微信文章中，开头既然提出了观点，中间又不断展开叙述，那么在结尾时，也要相对呼应一下，将话题再转移到这个开头的话题中，这样能够让文章显得更完整，唤起用户心灵上的共鸣。

画龙点睛

很多文章往往在文中或者开头没有明确提出一个确切的观点。那么在结尾时，一定要画龙点睛。这种方式往往能够帮助粉丝在阅读完文章之后悟出一个深意，对文章的价值和内涵有所思考，从而提升了微信内容的品格。

警示结尾

在微信营销的文章中，企业还应该考虑使用一些名言警句或者一些经典的话语来收尾。这样不但能够让你的文章显得意境深远，更能给粉丝形成一种深刻的思考。这样的结尾往往只用三言两语就可以表达出其深刻的含义，而且这种警示结尾还能给粉丝带去深刻的印象，使他们对企业、产品或者服务有一个难忘的印象。

情感结尾

所谓的情感结尾其实就是变相的抒情结尾，企业作者在内心要有真情，然后运用这种情感，结合文章的主题，在结尾给用户一个情感的波澜，引发粉丝的共鸣。这样的结尾方式具有一定的艺术感染力。

号召结尾

号召结尾在微信营销文章中非常重要，作者可以在前文的基础上在结尾时，向用户提出一些请求或者发出某种号召，以便带动更多用户参与到产品购买或者体验中。这样也能够加强粉丝的参与活跃性，让微信公众号更有人气。

韩都衣舍在这方面就做得很好。在一篇名为“闺蜜节购时尚”的文章中，韩都衣舍不但向粉丝推出了自己的新品，在结尾时，还提出了号召的结束语：“愿得一闺蜜，一起买便宜！叫醒她吧，与她一起购 shopping！”，如图 4-17 所示。

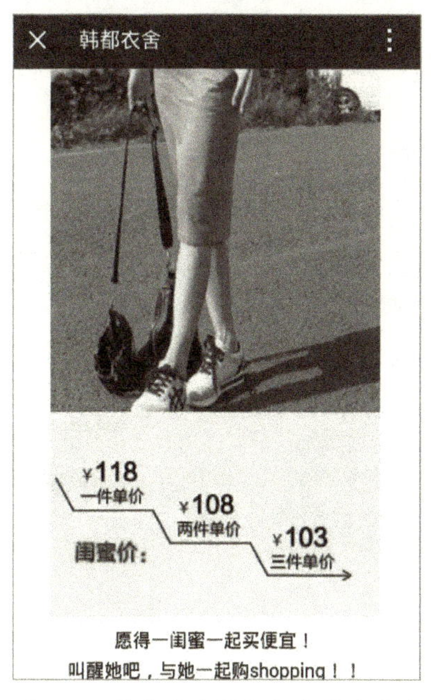

图 4-17 韩都衣舍微信文章号召结尾

回味结尾

在结尾处，企业可以采取一些个性化的方式，比如在结尾处留有空白，让读者在阅读时，可以自由想象。读者可以在这种空白中回味整篇文章，从而对

产品的介绍和内容有一个更深刻的印象。

诗意结尾

诗情画意是每个人都喜欢的，也是每个人内心拥有的一个文艺情结。因此，企业可以抓住粉丝的这种心理，在文章结束时，营造一种文艺气息，用诗意的句子或者方式来结尾，这样更能加强企业公众号的黏性。

骆驼品牌在某篇文章的结尾处就运用了具有文艺气息的、诗情画意的结尾方式，获得了大量用户的青睐。骆驼是这样结尾的："岁月永远年轻，我们慢慢老去，你会发现，童心未泯，是一件值得骄傲的事情。"如图 4-18 所示。

图 4-18 骆驼微信文章诗意结尾

祝福结尾

最讨人喜欢的结尾方式就是祝福，在文章结尾处，企业可以给用户送上深深的祝福和衷心的祝愿。这种发自内心的祝福可以让用户对企业产生一种依赖情结。

» 4.3.4 文章创意：3 大妙招让用户耳目一新

虽然前面讲述了很多方法让企业在编辑微信营销文章时，有所遵循。但是这些毕竟都是技术层面上的东西。事实上，企业还应该在实际操作中学会灵活变通，尤其是学会运用创新模式来吸引用户，让用户耳目一新，对你的文章感兴趣。

下面我们来讲述 3 个妙招，有了这 3 个妙招，你就可以灵活变通，制造出富有创意的文章。

用漫画卡通的方式代替纯文字

很多企业在编辑一篇微信文章时，往往是将编辑文章与小说、散文联系在一起，于是运用各种修辞手法，用华丽的文字来吸引粉丝。但事实上，一个粉丝关注的公众号有很多，每个企业都发一些文字内容，那么如何让用户选择关注你呢？这需要给用户耳目一新的感觉。

运用漫画卡通的方式就非常有创意，用漫画代替纯粹的文字，在视觉上颇有吸引力，不但让用户阅读起来易懂，而且让用户能够产生极大的兴趣。

吉野家在微信公众号的文章中就善于运用这种卡通漫画方式。例如吉野家在微信中有这样一篇文章："不想出门吃饭怎么办？"这是一篇介绍吉野家微信订餐的文章，在文章中吉野家运用了卡通漫画的方式，可爱的卡通人物造型和有意思的文字，一下子让用户产生了兴趣，从而很开心地阅读起来，如图 4-19 所示。

因此，运用漫画卡通的方式来代替纯文字的确是一种难得的创意方式，企业务必要学会灵活运用。

图 4-19 吉野家微信卡通漫画创意内容

运用调查问卷方式

很多企业在微信文章中，总是会按部就班地写文章，其实这样很枯燥，很难让粉丝连续阅读下去，甚至还会出现一些阅读疲劳。因此，有些企业就想出了一种创意方式——调查问卷，让用户回答问题，这样很快就能让粉丝在回答问题中了解了企业的产品和意图，从而也对企业有了很深的印象。

LeBon珠宝有一篇题目为“咖啡知识，为啥老外天天喝咖啡”的文章，为了避免让读者感到枯燥，就运用了问卷调查回答问题的方式，让用户对这篇文章产生了浓厚的兴趣，如图 4-20 所示。

图 4-20 LeBon 珠宝微信问卷调查提问创意内容

视频代替你想说的话

有些时候，企业想要通过一篇简短的微信文章来表达自己的产品或者主题，往往很难具体全部表现出来，而且也会让用户难以坚持阅读下去。于是又一种创新的内容表现方式出现了，文字和视频相结合，用视频来代替你想说的话。

前提是这个视频一定要简短，而且有创意，能吸引人们观看。LG 电子在微信中就善于运用这种“用视频代替烦琐文字”的创意形式，获得了大量粉丝的青睐，如图 4-21 所示。

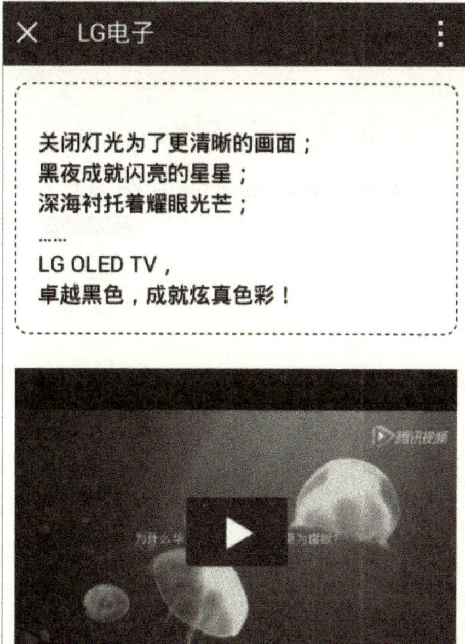

图 4-21 LG 电子微信内容视频创新

小贴士

微信文章的文字其实不需要很多，只要遵循了上述这些规则和技巧，就一定能够用精短、干练、有力的文字表达出企业想说的话。当然，这一切都要建立在用户的基础上，企业一定要时刻观察和了解用户的心理，从用户迫切需求的点出发制造文章内容，才能吸引粉丝阅读。

四 4.4 踏进这些雷区，你就被炸死了

在微信营销的内容编排、设计、编辑中，还有很多值得注意的事项。有些企业以为只是简单地撰写几个好的标题，然后写一篇华丽的文章，最后推广出去就可以了。但是这些人也往往会因此而走入雷区。任何方式都有它独特的方向，如果你没有按照规则来进行，那么很可能会得不偿失。

因此，在内容的操作过程中，企业还必须越过很多容易被忽视、看不见的雷区，下面我们就来介绍一下内容方面都有哪些值得注意的雷区。

» 4.4.1 篇幅过长，差评！

很多微信营销专家都在提倡“内容为王”的原则。因此，很多人便觉得内容就要多多益善，但其实这是不正确的想法。内容太长、太复杂，是不适合推出的。就算你的内容形式很美，那么如果篇幅很长，用户也会在阅读时产生疲劳，看不下去。用户没有好感，自然就会对企业产生不好的印象，从而会影响到企业微信公众号的盈利。

所以，篇幅过长的内容，对企业营销来说是第一大雷区，因此，企业一定

要避过这个雷区。

内容紧扣重点胜过长篇大论

一篇真正好的微信内容，其实不需要太多的语言和文字修饰，也不需要太多的视频等格式呈现。事实证明，只要企业能够抓住用户的内心，将内容的精华讲出来，紧扣主题和重点，那么这样的内容就胜过千言万语。

太冗长的东西，只会让人越看越反感。不只是内容冗长，粉丝会反感，其实标题如果太长，粉丝也会在第一时间对企业产生不好的印象。因此，内容的优势不在于长，而在于是不是讲到了点上。

去哪儿网在 2015 年 5 月 20 日这天为用户在微信上推出了这样一篇文章："你的全家游，有人买单哦！"，如图 4-22 所示。这篇文章标题就很吸引人，在内容上，更是用简短直接的文字和有力的图片将重点抛出：去哪儿网携手宝骏汽车为用户提供免费出游的机会。

图 4-22 去哪儿网微信内容紧扣主题

这样紧扣主题和重点的方式，让粉丝明确了去哪儿网的内容中心，也让用户能够快速积极地参与到这次活动中。这就是长话短说，将短说说到点上的重要性，企业务必在微信营销的内容操作上认真揣摩和加以运用。

去除难以理解的大段文字，用通俗直接的语言代替

很多企业为了展现内容的文采，往往会在撰写文案的时候加入一些冗长的文字，甚至有些内容中充斥着很多难以理解的文字。企业自以为这样可以凭借文采和学问来吸引用户。但殊不知，在如今这个移动互联网的时代，有几个人会去仔细推敲文字，更不可能会花大量时间去研究你的文字、段落。

因此，企业一定要在内容中去除和摒弃那些难以理解的文字、段落，而且要多用一些通俗易懂、直接的语言代替。这样用户读起来好理解，还能快速做出回应，能够提高微信营销的效率。

» 4.4.2 广告太多，差评！

在微信营销中，内容的表现方式有很多，可以有图片、视频、文字，但是真正吸引用户的是什么？有人说，内容营销就应该多发一些关于企业产品的信息，也就是广告，也有人说要多发一些产品使用服务等。其实这些都标明一个特点：广告太多。

这些全都是关于产品的内容，其实与传统的广告就没有差别了，毫无吸引力。不但不能起到积极的营销作用，反而还会给企业带来差评。

微信内容注重的应该是内在极致的体验、内涵、修养等，以此来彰显企业的形象、产品和品牌理念。所以，在内容中，企业切记不要只讲产品广告。

用美好感性的文字延伸产品

许多没有微信营销经验的企业，往往在内容中一上来就是产品，中间还是产品，结束还是产品，反反复复地讲产品，从产品的性能、价格、购买方式到服务。这样真的能吸引客户吗？不会的。这些企业并不懂得运用一些感性的文字当作外衣来给自己的产品套上一个华美的造型。

美好感性的文字可以带领粉丝进入到一个温馨、美好的世界。比如柔情温馨的文字、幽默励志的文字等，都可以延伸出产品。这样的方式要远远好过直白的产品广告。

星巴克在这方面非常懂得用小资情调、感性情怀来打动消费者。2014 年 11 月 10 日，临近“光棍节”，星巴克为了推广自己的星巴克蛋糕甜点，给用户送上了这样的微信文章：单身也不错，蛋糕可以多吃点，如图 4-23 所示。星巴克运用简简单单的几句幽默感性的文字表达出了星巴克蛋糕的美味和趣味。于是很多人不但用心将这篇文章阅读，还会记住在“光棍节”这天前往星巴克来一份可以多吃的甜点。

图 4-23 星巴克感性微信内容

从用户体验角度出发

在微信营销内容中，企业想要避免经常发广告，那么就应该学会从用户角度思考问题。可以从用户体验角度出发，站在用户立场，以用户的感受、体验为基础，然后提升品牌形象和文化价值。

这样能在很大程度上吸引用户，让企业的微信文章更有质量和深度。如玉兰油微信公众号，在发送文章中，经常发送一些关于肌肤护理、用户肌肤老化敏感等问题，然后引出玉兰油产品对这些问题的帮助。这样的内容就远远好于只讲玉兰油产品的优势、性能和价格。

» 4.4.3 排版不好，差评！

在过去传统的纸质传媒，你看到的广告总是密密麻麻十分紧凑的。很多版面不但拥挤，而且由于重点不突出，很难吸引人们的关注。

在互联网的自媒体时代，尤其是以微信营销为主的当下，企业在内容上有了自主权，也有了更大的发挥空间。但是有了主动发挥内容的权利之后，许多企业依然不能依靠内容取胜。原因在于你的排版不好，用户会给你差评。

因此，想要获得更好的粉丝阅读，必须要注重内容排版的细节。首先，如果你的版面太拥挤，那么用户就没有打开的欲望。因此，企业在内容排版时，需要简单分明，让用户一目了然。

微信公众号其实是在微信上展现企业的门面，因此内容板块在这个环节中就显得格外重要。内容板块必须要简单分明，让用户第一眼看到就很舒服，然后才能方便快速查看。

其次，排版时，要运用一些个性化有魅力的图片来吸引粉丝，将这些魅力图片排放在标题下方，在用户打开企业的微信公众号之后，可以看到标题和代表图片。这种刺激用户视觉的排版，很容易引发用户去点击阅读。

《昕薇》杂志在微信公众号中十分注重内容排版。可能是从事美容时尚杂志的缘故，昕薇的微信公众号内容排版也非常时尚。打开一篇叫“是的，夏天我们的愿望就是看起来像个纸片人”的文章，如图 4-24 所示。首先看到的就是一组非常时尚、潮流的街拍模特的照片，然后在下方用了一些简短的文字来概括夏日出行的流行搭配和美容减肥秘籍。这样的排版一定会吸引更多粉丝关注和阅读。

昕薇

是的 夏天我们的愿望就是看起来像个纸片人！

2015-05-19 昕薇

虽然不断有时尚人士呼吁拒绝过瘦的模特以及0尺码的衣服，但对于究竟该以瘦为美还是保持自然体态的争论由来已久，这个牵动时尚界要想彻底纠正人们根深蒂固的审美观念可不是件容易事！

夏天将至，我们又开始为肉苦恼了，然而骨感美不是谁都能驾驭的，瘦成一道闪电需要减肥的毅力！太过消瘦的身材会令人看起来憔悴，

图 4-24 《昕薇》杂志微信内容排版时尚

» 4.4.4 借鉴太多，差评！

在微信内容的编辑和设计上，很多企业习惯借鉴或者模仿那些比较火热的微信内容，以为能够通过借鉴获得更多阅读。这就像很多人说小米模仿苹果手机一样，最后，小米凭借比苹果价格低的优势而成功打入海量粉丝群中，获得了成功。

其实，小米的成功，不完全在于模仿苹果，小米虽然在手机的外形和系统中有模仿苹果的痕迹，但是其性能和创新方面却有自己的特色。而且小米不但融入了自己的特色，还以“低价高配”的方式，深深吸引了发烧友。因此，从严格意义上来说，小米已经成功脱离了苹果，做到了颠覆和超越。

很多微信的内容也的确非常吸引人。但是如果企业一味地去模仿这些内容，很可能会让粉丝对企业形成一种“模仿”的印象，而且这样的企业也没有任何特色，只是一味地借鉴，在粉丝心目中，企业永远只是个“备胎”。

所以企业必须要跳出一味借鉴的领域，努力给用户呈现出不一样的新鲜感和特色。

打破常规，推颠覆内容

在微信营销的内容中，企业可以在展现产品或者文章时，打破常规，不要去一味模仿成功的微信文章，要大胆推出富有颠覆性的内容。

天猫在微信公众号中喜欢与众不同，发送一些极为有颠覆思想的内容。比如 2015 年 5 月 20 日，当所有的企业都在推出一些普通的促销活动时，天猫却在微信中发了这样一个内容："天了噜，有人抢了我的车！"，如图 4-25 所示。

这个标题虽然很夸张，但是天猫却一反常态，在文章中用倒叙的方式讲述了整个事情的过程。原来这是天猫在上海举办的冰淇淋车免费为用户实现"520"告白愿望的活动。整个活动也很有新意，整篇微信文章也深深打动了很多用户的心。

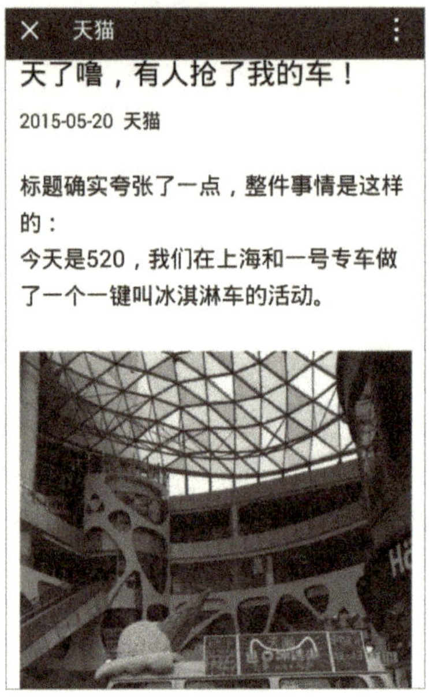

图 4-25 天猫微信内容打破常规

彰显自身特色，不活在模仿阴影下

在微信营销的时代大舞台中，你想要获得人们的认可，就必须有自己的特色。一篇文章、一个产品、一句问候，都要做到独一无二，这样才可以获得差异化成功，以突出的个性，吸引粉丝关注。

企业要在这个过程中，找到并且形成自己的标签，让用户对企业产生深刻的印象，而不是需要借助其他知名的内容才可以想到企业。

» 4.4.5 鸡汤太补，差评！

有些企业很有意思，在微信营销中，意识到了不能只说产品，推广告，于是就大张旗鼓地给用户猛烈地灌一些心灵鸡汤的文章。甚至有些文章是从一些杂志、心灵鸡汤网站上复制下来的。各种花哨的鸡汤、感情、故事、励志全都让粉丝喝一遍。

但这样真的好吗？俗话说“过犹不及”，任何事情都有个度和分寸，如果丢失了度，那么就有可能让人反感。尤其是对粉丝而言，有绝对主动权的微信营销，粉丝很可能因为太补，而对企业翻脸，给出差评。

企业必须要明白，粉丝来看你的微信文章，不是寻求心灵鸡汤。如果粉丝想要心灵鸡汤，在互联网中有太多的关于这方面的信息可以去浏览，不至于在你的微信上获取。粉丝之所以来你的微信公众号中，最大的目的是想获得关于企业、产品的信息。因此你给的心灵鸡汤似乎与用户的需求不对口，这样自然就会激化矛盾，惹恼用户，从而给出差评。

在微信文章中，企业不能一而再再而三地给用户发送与产品毫无关联的心灵鸡汤，必须要适当地多体现关于产品、企业、服务的内容。比如多展示一些用户使用产品体验、多给用户带去一些产品的高清特写、性能对比等。

» 4.4.6 幽默太过，差评！

很多人都愿意看幽默的文章，比如我们每天去微博、朋友圈中，都习惯点击一些有趣味的段子和文章来看。而对那些死板、严肃、枯燥的内容毫无兴趣。这说明，人们喜欢在这些社交网站寻求乐子，放松身心。

但这种想法却被很多微信公众号的商家误解为，粉丝都爱看幽默的文章。所以在微信内容中，总是向用户发送大量的幽默、趣味的文章和内容。

一开始还好，用户还有新鲜感，对企业能够产生依赖，甚至每天都会守候企业的公众号信息。但是时间长了，企业难免会词穷，那么就会去复制一些其他网站的幽默内容，这样一来，“阅人无数”的粉丝自然能够看得出，于是很快会对企业产生不好的印象，从而给出差评。

而且时间长了，粉丝也会慢慢品味出企业的特点：没有干货，全都是应付粉丝的幽默滥文，于是粉丝会抛弃企业。

这样长久下去，企业根本无法留住更多粉丝，更不可能利用微信公众号内容推销产品。因此，企业必须要明确，幽默太过不好，要在适当的幽默中，学会呈现主题、卖点，那就是企业的产品和服务。

企业最好是能够以幽默的内容来渲染产品，这样将幽默与产品介绍融会贯通，才能获得粉丝的长久支持。

小贴士

微信公众号的运营和营销雷区还远远不止这些，在实际操作过程中，企业可能还会遇到更多复杂的问题和疑难症候。因此，企业必须在运营公众号时，仔细了解用户心理，观察其他成功营销者的做法，避免使自己陷入更多的雷区。

第五章

粉丝经济，“吸金”从“吸粉”开始

微信营销的前提除了有内容之外，还需要什么呢？微信营销的最大主题和核心就是用户，因此微信营销也被称作是粉丝经济的巅峰。没有粉丝，就没有一切。因此，想要通过微信公众号来“吸金”，首先就要学会“吸粉”。

本章通过 3 大部分向企业展示了如何吸粉，初期、中期和后期的“吸粉”方式各不同，所运用的工具和技巧也是不同的。企业必须要掌握这 3 个阶段中吸粉的模式，这样才能让自己的微信公众号获得更多的忠实粉丝。

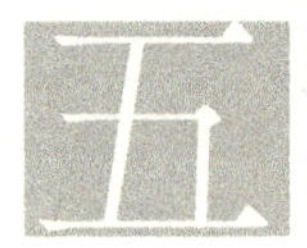

5.1 初期：吸引种子用户

什么是种子用户？目标用户是种子用户吗？不一定。如果目标用户从来不反馈，也从来不分享，那么这就起不到种子用户的作用。种子用户应当是企业目标用户中的一部分核心人群，这些人对产品忠实，是产品的重度使用者，并且在使用过程和使用之后，会积极地反馈和分享信息，能够为企业吸引来更多的用户，这才是种子用户应该做的。

在微信公众号的营销中，种子用户自然也就是企业营销的开端。建立了公众号平台，定位成功，有了华丽的内容，接下来就是吸引粉丝。有粉丝才能开启微信公众号的营销序幕。所以，在初期，企业必须要通过各种方法来吸引种子用户。

» 5.1.1 朋友或同行

在微信公众号营销的初期，想要获得第一批种子用户，应该先从容易的环节“下手”，而这个环节最恰当的选择就是你的朋友或者同行。

首先是朋友，如何在初期吸引朋友关注你的公众号呢？其实这个很简单。比如你建立了一个公众号，那么就可以通过各种便利的方式，让朋友亲人知道你的公众号，让朋友们扫描、搜索然后关注，成为粉丝。

当然，你可以通过各种发布方式，将你的公众号二维码和名字宣传出去，让朋友们看到后关注。

第一，面对面时，让朋友关注

当你与好友、亲人、同事见面时，可以拿出自己印有微信公众号的名片给对方，然后介绍是自己开设的公众号平台，让对方扫描关注。还可以直接拿出手机，打开自己的公众号，让用户面对面直接搜索关注。

这样，可以让用户成为企业的第一批种子用户，并且鉴于朋友这层关系而长久持续关注。而且在某种程度上，还能让朋友将这份忠诚度传播下去，吸引更多粉丝。

第二，推荐产品时，将公众号顺便推出去

在生活中，企业推出一款产品时，商家往往会先对家人、朋友介绍。不管是介绍，还是推荐，这时候，商家都应该利用好这个契机，在推荐产品时，顺便将公众号推出去，让朋友在欣赏和接受你的产品时，同时也接受你的微信公众号。这样能吸引朋友们积极关注公众号的动态。

此外，企业创建了公众号之后，不要“藏着掖着”，要充分利用初期家人、朋友这批种子用户，让他们帮忙来推广公众号吸引粉丝。在朋友圈、QQ 空间、QQ 群中多加宣传，这样就能吸引更多的种子用户。

说完了朋友亲人，还应该从同行这方面来加初期用户。也许对很多人来说，同行是冤家，在市场中，同行是竞争者，对方怎么会加我的公众号呢？事实上，对同行过分敏感是微信公众号营销的一大禁忌。在这个信息共享、公开、透明的互联网大数据时代下，同行不再是单纯的竞争者，更是很好的促进发展的“朋友”。这是一个大鱼吃小鱼、快鱼吃慢鱼的年代，没有任何一个企业可以独自存在，所以企业不能特立独行到独身一人。

所以，本企业要主动加对方的公众号，在了解对方企业信息的同时，更方便于将自己的公众号推广出去。这样还能有机会促成合作，实现全面发展，因此在同行中找寻粉丝，也是初期种子用户的主要来源之一。

» 5.1.2 你的合作伙伴

在互联网大世界中，没有企业可以独活，因此每个企业都有多个合作伙伴。这些合作伙伴虽然只是工作中的伙伴，但精明的企业却从不浪费任何的商机。于是在搭建公众号之后，便认为这些合作伙伴一定是微信公众号的种子用户。

作为合作伙伴一定是短期或者长久的合作关系，有合作，就必然有共同的利益和出发点。因此，让合作伙伴关注自己的公众号，成为粉丝也是合作的一个必要基础，是实现两者合作的一个重要渠道。

有这样一个服装公司，长期与一家服装制造厂和商场合作，三者之间相辅相成，离开了哪个环节都不能实现市场营销。所以，三者成为了很好的合作伙伴。

这家服装公司为了更好地迎合市场发展，迎合微信营销趋势，建立了公众号平台。而在初期吸引种子用户的时候，首先想到的就是这两个合作伙伴。

于是，这家服装公司在第一时间就将自己的公众号告知了这两个合作伙伴。服装工厂得到信息之后快速成为粉丝。因为服装工厂可以通过服装公司的微信公众号更快了解到服装公司的最新动态，对日后的合作也是一种帮助。

而与服装公司合作的商场也在第一时间关注了它的公众号，商场也能通过这个公众号来获得更多的服装信息，对商场的整体发展和两者的合作也起到了一种稳固作用。

因此，企业建立了公众号之后，想要获得第一批种子用户，就必须向自己的亲密合作伙伴“下手”，让合作伙伴成为你的种子用户。这样更加强化了彼此的合作，并且还能使合作更顺利地进行下去。

» 5.1.3 邀请机制

在微信公众号的营销中，口碑是这种营销的一个目标。没有口碑，就没有利润可言。因此，企业必须要注重这个口碑的来源、兴起和扩散。当然，任何一个公众号的推出，在初级阶段都只能是被少数人所接受和尝试。也正是这少数的种子用户，才能将企业的公众号和口碑推广出去。

所以，在自传播大环境下，企业必须要正确吸入“种子用户”，而邀请机制则是一种良好的方式。

发红包福利邀请用户关注

企业可以利用微信发红包的功能，直接在微信中发送红包。所谓“醉翁之意不在发红包，而在推广公众号”。很多人得到红包之后，都会觉得不好意思白拿你的红包，最起码也会看一下公司的介绍。这时候，企业就可以恰当地将公众号抛出来，放低自己的姿态，邀请别人来关注，这样就能在最初吸引一大部分粉丝。

与此类似的，企业还可以在线下搞一些发福利的方式，邀请线下消费者关注公众号，然后吸引粉丝。

例如某品牌原本属于一个做游戏机的行业，却因为看好智能手机的发展，追随市场潮流，推出了一款超级智能手机。为了让人们更多地购买这款产品，该企业还建立了手机品牌的公众号。为了吸引初期的种子用户，这款手机便在线下组织了这样的一个福利活动：扫描微信公众号二维码，获得抽奖机会。

于是线下的很多好奇者和消费者纷纷参与扫描二维码，关注企业的公众号，从而获得抽奖机会。在有可能获得奖品的同时，还可以了解一个新品牌手机。而且通过这种邀请活动，也让这些用户更大程度上为企业推广和宣传了这个活动，因而就会在更大程度上吸引更多的用户关注企业的公众号，成为初期的用户。

邀请种子用户参与定制活动

最初企业的种子用户可能只是几十个或者几百个，但是如果能够维护好这一小部分的初级种子用户，就能够吸引更多的种子用户。

小米在这一点上做得很好。小米手机在2010年刚推出MIUI时，只有

100 个用户。然而，就是这 100 个用户，让小米在短短的 4 年间，由 100 个用户增加到了 6000 万个用户。这显然离不开这部分种子用户的推广。

在公众号中，小米公众号以更多邀请活动来吸引用户，尤其是一些特殊的定制活动。比如在小米手机的公众号中，有一个小米部落的兴趣社区。这是小米专门为种子用户打造的一个社区圈子。在这里，小米会用“签到”或者跟帖送 F 码等方式来吸引用户成为小米的忠实粉丝，如图 5-1 所示。

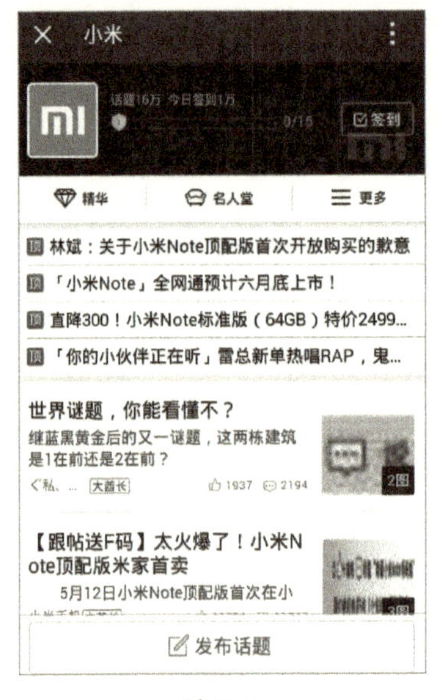

图 5-1
小米微信公众号邀请粉丝活动

这些邀请的活动都是小米为种子用户定制的特殊活动，不但能吸引已有的用户，还能在前期吸引更多的用户，然后让他们成为种子用户。

» 5.1.4 名人效应

在微信营销中名人效应的威力是巨大的。有时候名人的一句话，赶上你忙碌一个月的效果。因此，企业想要在初期获得更多种子用户，就需要借机想办法让名人帮你宣传。

利用名人做宣传

然而名人那么忙，而且很多名人都是千金难求，如何让名人帮你宣传呢？

事实上，如果是一个大企业，可以动用高价钱和人脉来请名人代言，这样名人自然就会在个人的微博等主页中为企业“美言”，这样企业就能吸引更多的初期用户。

但如果是一个小企业或者商家，没有那么多得天独厚的条件，这时候要怎样才能利用名人效应呢？企业可以写一些名人的事迹，在内容中尽量多写一些关于名人的正面信息。注意在文章下面一定要记得加入自己的微信公众号。这样这个内容被名人看到，自然会产生好感，于是就会将你的文章推荐到微博等圈子中。

如果没有得到名人的推荐，那么作为一些名人的粉丝也会看到这些文章，对支持自己偶像的企业会格外关注，那么这个公众号就被得到了广泛的推广和关注。

打造自明星，让名人效应热起来

在互联网自传播时代，人人都是自媒体，人人都可以是明星，而自明星也就由此诞生。自明星就是在一个圈子或者某个领域内依靠个人人格魅力获得了一帮粉丝，然后通过有效的自媒体传播途径传播出去，让更多人被你吸引，从而推崇你。

所以说，在这个环境中，即便你不是名人，也可以通过自我的塑造和魅力将自己打造成一个自明星。聚美优品的微信公众号之所以在一开始就涌入了那么多种子粉丝，就是因为聚美优品的创始人陈欧善于运用自明星风潮，带动名人效应，吸引粉丝。

陈欧是 80 后创始人代表，他特立独行，但又能充分抓住用户心理。因此，聚美优品刚成立时，陈欧就摒除了请明星代言的方式，而是用自己代言，于是那句“我是陈欧，我为自己代言”的经典广告词就诞生了。而这个为自己代言的行为也吸引了大量 80 后、90 后创业者和粉丝的支持。于是陈欧通过个人魅力成为了自明星。

而在这个自明星的光环下，聚美优品的公众号也诞生了，因此陈欧的名人效应再次显现出来，刺激了一大批年轻用户主动关注添加聚美优品的公众号。于是，就这样，陈欧用自明星的效应，在初期为聚美优品的公众号纳入了海量种子用户，如图 5-2 所示。

图 5-2 聚美优品陈欧自明星效应

小贴士

在初期，企业想要获得更多种子用户，都应该充分利用好这 4 种方法。当然，方法中还可以细分更多有效的途径。这需要企业根据自己的状况和特质来进行具体的变通。但有一点，企业一定要注意，吸引了这些种子用户之后，不能置之不理，要通过各种活动、方式来维护好种子用户，才能让粉丝长久留下。

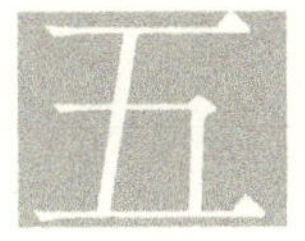

5.2 中期：依靠现有渠道

在前期建立了公众号之后，企业可以通过合伙伙伴、邀请机制等获得前期的种子用户。这些种子用户将会在很大程度上帮助企业来宣传微信公众号。但无论如何，毕竟前期的只是种子用户，尽管他们能够为企业带来很多忠实粉丝，但在速度上和辐射面积上还是有限的。因此，到了中期，企业想要微信公众号让更多人知道，吸纳粉丝，就一定要依靠现有的各种信息和网络渠道，比如微博、QQ、论坛等。

» 5.2.1 微博

微博是在互联网媒体高速发展下最具影响力的一个自媒体渠道。明星、企业、达人纷纷建立微博，通过微博来发消息，吸引粉丝，抓住眼球。比如某某明星因为参与了一档真人秀节目，从而人气升高，微博的粉丝也飞快增长，甚至这位明星只要发一个自拍，就增粉数万。

很多微博达人也是如此，从而也可以看出，微博的力量已经对人们造成了不可忽视的影响。因此，在中期，企业的微信公众平台想要增加粉丝，首先就要考虑到微博这条渠道。

借助名人微博增粉

首先，借助名人、明星、达人的微博来宣传自己的微信公众号。名人的微博每天都有几千、几万人访问，每个微博都有上千人评论、转发。因此，这对企业来说，是一个不可多得的宣传渠道。

企业可以选择其合适的明星人选，然后请明星在微博中为企业多做几句“广告语”，然后在结束之后，一定不要忘记加入自己的微信公众号或者二维码。这样一来，看到的粉丝就会支持明星的推广，扫描或者关注微信公众号。如果明星能够接下来再经常性地发表一些关于企业的信息，那么这些粉丝就会逐渐成为企业的忠实粉丝。

如某热门电视台主持人明星由于主持一档综艺节目而火爆，这时有个面膜微商看好了这个名人，于是请名人在微博中为自己的产品做了一下宣传。在宣传中，名人不但晒出自己与这款面膜的照片，而且还写了几句非常好的好评，在底下还加入了该面膜微商的微信公众号二维码。很快，这家面膜店的销量如日中天，微信公众号的粉丝更是由最初的不足一千，迅速上升为几万，这就是名人微博宣传微信公众号的影响力。

在官方微博中，加入微信公众号二维码

很多企业在微信公众号的营销中，可能还没有很多人气，但是在微博营销中却已经如日中天，非常有热度。那么这时候，企业如果建立了公众号，在中期想要推广微信公众号，就一定要考虑在官方微博中加入微信公众号的信息，包括二维码、微信活动等。

用这些方式来吸引更多微博用户加入其中，使他们成为微信公众号的粉丝。

达芙妮女鞋品牌在微博中已经有了很高的人气，为了更好地吸引微博粉丝关注微信公众号，达芙妮在微博中加入了微信公众号二维码以及微信促销活动。比如2015年4月，达芙妮在微博中推出了“关注达芙妮官微，看全女神梦幻广告，丰厚大奖等着你！”微博，一时间吸引了众多粉丝的关注，促进了达芙妮微信公众号粉丝的增加，如图 5-3 所示。

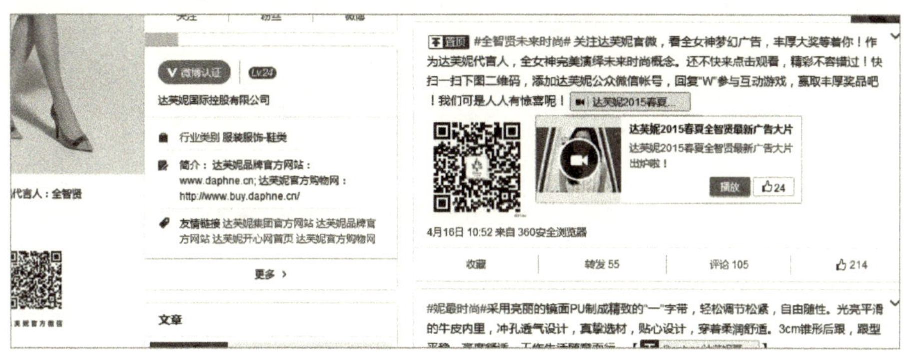

图 5-3 达芙妮微博中的微信宣传

» 5.2.2 官网

除了微博之外，企业在中期想要吸引微信公众号粉丝，还不能放过官方网站。一个企业的官方网站是企业的门面，也是企业的形象。因此，很多企业往往将官网设计得非常漂亮、大气，这也吸引了很多粉丝的关注。而且如今随着电子商务的兴起，很多企业的官网都已经成为了用户购物的首选。比如京东商城、一号店、唯品会、天猫等。而那些不能购物的官网对产品的介绍也是较详细和专业的，因此用户对这些官网不但依赖，而且还收藏起来，非常珍惜。因此，借助官方网站来推广自己的微信公众号也不失为一种很好的做法。

企业可以在官网中的显著位置，加入微信公众号的二维码，让看到的用户快速扫描关注；还可以在官网中推出微信促销、优惠活动，吸引用户通过官网关注微信，优惠购物。

唯品会在官网中的左侧显眼处就放置了一个微信二维码和促销的图片。比如 2015 年 5 月底，为了在“六一”儿童节促销，唯品会放置了“抢百万红包，挑正品好货”的告知。用户拿起手机就可以扫描微信二维码，然后通过微信来

优惠购物，如图 5-4 所示。

图 5-4 唯品会官网微信“六一”活动推广

» 5.2.3 QQ

QQ 是中国最大、最火热的互联网在线即时通信工具，截止到 2014 年，QQ 用户数量超过 8 亿，同时在线人数超过 2 亿。这个数字说明这 8 亿的 QQ 用户，都将可能会成为企业微信公众号的粉丝。

因此，运用 QQ 来推广自己的微信公众号是非常有效的一种方式。

QQ 空间推广

在 8 亿的 QQ 用户中，有超过 80% 的用户都是 QQ 空间的忠实用户，这些用户每天都会去空间查看日志、发表说说、观看评论、查看新闻等。而随着自媒体营销的兴起，很多企业也都建立了企业认证的 QQ 空间，利用空间进行有效营销，比如美丽说、小米等。为了吸引更多的粉丝关注自己的微信公众号，企业可以在 QQ 空间中，发表说说或者发表日志时，加入一些关于微信公众号的信息，以此吸引 QQ 空间粉丝的关注。

此外，企业也可以利用个人 QQ 号在更多好友的 QQ 空间中留言，在留言中加入企业的微信公众号和二维码。这样就能更快、更好地借助 QQ 空间的传播性来将微信公众号推广出去。

QQ 群推广

企业想要在中期更大程度上推广自己的微信公众号，就要利用好腾讯旗下的所有产品和渠道。其中，建立更多的 QQ 群就是一个很好的方式，企业可以将更多爱好和兴趣统一的成员组建一个又一个的 QQ 群，然后在这些群里不断地发表关于微信公众号的信息，让成员都踊跃扫描关注。

当然，企业还可以主动去添加其他的 QQ 群，然后在别人的群中恰当巧妙地加入一些关于企业微信公众号的信息。这样一来就能够利用这种现成的渠道来推广微信公众号。

» 5.2.4 个人微信

想要将企业的微信公众号推广出去，一定不能忽视微信作为通信、聊天工具这个渠道。微信营销虽然可以用公众号来进行，但是微信公众号的推广却可以通过个人微信来巧妙推广。比如个人微信中的各种功能，“摇一摇”“附近的人”“漂流瓶”“朋友圈”等。

摇一摇、漂流瓶等微信自带工具

在个人微信中，有一个特殊的功能：摇一摇。用户只要拿起手机，开启这个功能，就能摇出很多同时正在摇微信的陌生人。因此你完全可以在打招呼时，将自己的微信公众号信息加入，让对方有机会关注。当然，你也可以一开始先与对方以朋友的方式相处，相处一段时间之后，再巧妙地将微信公众号推给他。这种方式，不但能够摇到更多微信粉丝，甚至还能摇出一些意想不到的订单。

漂流瓶是微信的一个有趣工具，用户可以在漂流瓶的许愿纸中写上关于企业的微信公众号信息，然后将这个瓶子抛到大海中，捡到你的漂流瓶的人就有机会关注。

此外，企业还可以利用漂流瓶设置一些公益活动，成功地宣传自己的微信公众号魅力和形象。

在微信中还有一个“附近的人”的功能。你可以查看“附近的人”，然后添加附近的人，与对方进行一对一互动，在互动聊天中，巧妙将微信公众号信息发出去。此外，你还可以将自己的头像或者签名改为微信公众号的信息，这样就能让更多附近的人第一眼就看到你的微信公众号信息，从而有机会关注，并且产生兴趣。

朋友圈有大智慧

朋友圈是个人微信的核心内容，也是每个微信用户最喜欢去的地方。每天用户会在这里晒出自己的自拍、有趣照片，还会发表心得，转发链接、文章等。朋友之间还可以互相评论、点赞。所以，朋友圈丰富了微信的功能，让微信变得更有趣。

因此，企业可以借助朋友圈的威力，在自己的微信朋友圈中，经常推出和更新企业的信息。在恰当时候推出微信公众号链接、二维码、公众号信息等内容。某个销售牛排的小微商，就非常善于在朋友圈中推广自己的公众号。在朋友圈中会高调晒出自己的产品以及微信公众号二维码，以吸引更多好友扫描关注，如图 5-5 所示。

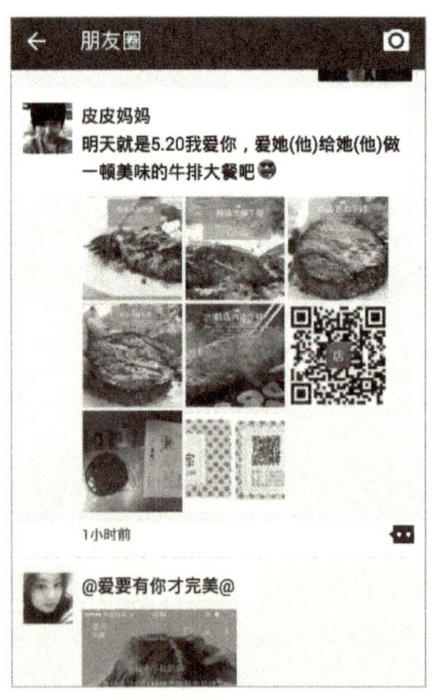

图 5-5 朋友圈中推出微信二维码

还可以直接将企业的微信公众号文章、内容转发分享到朋友圈，让更多的好友看到，然后点击关注，成为企业的粉丝。某中医平台为了宣传自己的微信公众号，企业的创始人在个人微信中就充分利用了朋友圈分享的功能，将该平台的文章、信息分享到朋友圈中，让更多好友看到产生兴趣，并且关注，如图 5-6 所示。

图 5-6 健康博读会用朋友圈分享公众号文章

» 5.2.5 软文推广

软文推广是互联网营销的一大有效方式。在微信公众号的推广上，软文推广也是不可忽视的环节。很多人认为，只要将微信公众号的二维码或者号码放在潜在用户看得到的地方就行了，没必要做软文。

事实上，仅仅放置一个二维码是远远不够的。消费者需要知道为什么会扫描这个二维码，扫描关注之后有什么内容，能不能在第一印象上用文字抓住用户的眼球，促使他去扫描，这才是最关键的。

因此软文推广就显得特别重要。首先，企业必须要在软文中给用户解释原因。解释什么原因呢？解释企业微信公众号的优势、产品特色、扫码好处等。有了这些明显的信息，用户才能找到原因和理由去扫描关注。

其次，企业还应该在软文中用简单明了的信息体现出微信公众号的与众不同和个性兴趣化，让用户可以主动参与扫描关注。在软文推广中，企业需要注意以下两点。

第一，软文不要太啰唆，简单明了最好

推广微信公众号的软文不需要太多的复杂装饰和点缀，更不需要太过优美华丽的文采，只需要将事情的重点说出来，简单明了一点更好。很多大型企业的软文推广都做得很好，但是如果细心观看，你会发现，这些软文都没有太多的文法和讲究的结构，而是简单扼要，将活动、信息说清楚即可。

第二，软文标题要有诱惑力

撰写的软文虽然不需要很有文采，但是却需要有一个足够可以吸引人的标题。标题有诱惑力，才能让更多的人迅速观看下面的文章，然后扫描二维码。

2015 年 5 月 17 日，百度糯米团购网为了推动“5.17 吃货节”，而在各大热门网站推出软文，并在软文中将百度糯米的微信公众号二维码推出，让更多用户看到软文之后，扫描下方的二维码即可参与抢红包。

为了吸引人们关注微信公众号，百度糯米在软文中非常注重标题的加工，在标题中加入了红包诱惑，让用户看到标题就想立刻扫码获得红包。百度糯米这篇软文的标题是这样的：“百度糯米 5.17 吃货节进入高潮 5.17 亿红包大放送”，如图 5-7 所示。在看到这样的标题之后，又有谁不想去关注呢，因此，百度糯米的这次微信公众号推广就做得非常成功。

百度糯米5.17吃货节进入高潮 5.17亿红包大放送

图 5-7 百度糯米团购微信推广软文标题

小贴士

在中期，无论是哪种渠道的营销，都有可能会遭到用户的冷漠对待，甚至反感。这时候企业一定要适可而止，千万不要强硬推广。任何渠道都应该合理科学利用，这样才能实现优化推广。

5.3 后期：免费和付费推广

经历了前期的种子用户的积累和中期批量粉丝的增加之后，企业在后期需要做什么呢？在后期主要的任务就是要保证企业的公众号可以更好地稳定运营，粉丝数量保持稳定上升。而且在后期，企业还需要借助这些粉丝来进行更好的营销。在这个过程中，企业想要吸引更多的粉丝，需要一些策略技巧。比如付费推广和免费推广。

» 5.3.1 付费推广

所谓付费推广，就是花费一定的费用来寻求更多的推广机会，让更多忠实的粉丝加入。在付费推广中有很多方式，比如百度竞价排名的广告搜索、微信营销机构、与知名微信公众号做广告合作等。下面我们介绍几种最有效，也是最值得企业去做的付费推广方式。

百度付费搜索

百度是一个搜索引擎，同时也是一个企业推广和营销的良好平台。比如百度搜索、百度视频推广等。百度搜索由于其覆盖面广、营销精准、低门槛等优势，获得了更多中小企业的青睐。

微信公众号的营销，企业完全可以借助这种百度搜索等方式来推广。通过内部的竞价排名，让企业的微信公众号排在前方，让更多用户看到并且关注。用户在百度搜索中推广之后，在百度中搜索关键词、标题、描述等，都可以快速出现企业微信公众号以及网站的信息。

与知名微信公众号合作进行广告推广

但凡是建立微信公众号的企业，都很希望自己的公众号能快速聚集更多的忠实粉丝。但是除了前期和中期的积累之外，很多企业仿佛并无他法。但其实，与知名微信公众号的合作方式也是非常有效的。

例如在原创青春文学传播公司“左右青春”的微信公众号中，就有一个广告推广，在这里，很多旅游企业的公众号甚至企业产品纷纷在这里打出广告。用户点击即可跳转到该企业的公众号中，如图 5-8 所示。这种方法也让这些合作企业获得了更多忠实且与“左右青春”兴趣相投的粉丝。

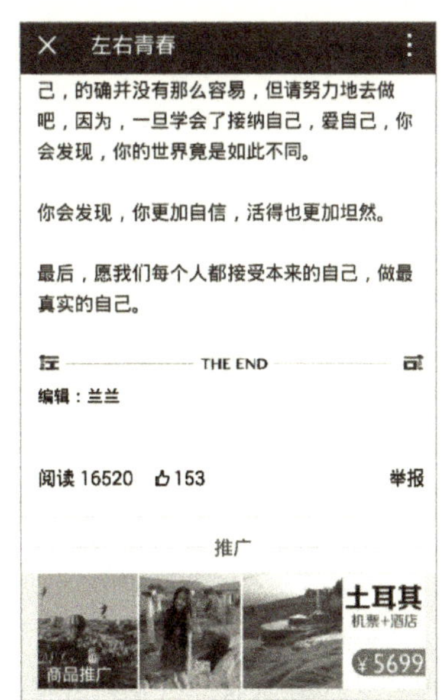

图 5-8 “左右青春”微信公众号的付费推广链接

寻求微信推广机构

在互联网的茫茫人海中，有时候想要推广出去自己的微信公众号，往往显得很困难。尤其是对一些不知名的企业或者小商家来说，更是如此。因此，在这方面，企业也有必要寻求一些微信推广机构。

在网上，这种收费类的推广机构有很多，许多微信营销培训机构会有一些付费光盘、教材等，企业可以买来学习。当然，企业也可以直接付费给这些机构，让这些机构全权负责推广。

电视报纸杂志等媒体广告植入

如今我们看电视节目，结束时，主持人往往加入一句："感谢收看，请关注屏幕下方的二维码，关注节目微信。"这就是电视传媒的力量。当然，除了这些企业自身的便利之外，很多其他的企业如果想要加入到电视媒体中，是需要付费的。

比如企业可以与一些热播的电视台合作，在播出的广告中加入自己的微信公众号二维码，或者竞价成为某些热播综艺节目的赞助商，然后在播放节目时，在下方巧妙打入自己的微信公众号二维码。

再比如，企业还可以付费在一些报纸、杂志等纸质传媒中做一些微信公众号的推广。这样的广告植入，也能让很多用户看到，并且关注。

» 5.3.2 免费推广

所谓免费推广就是无付费的推广，当然，在推广微信公众号时，企业在前期和中期的推广基本都是免费的。因此，这里讲的免费推广是要借助一些策略在后期进行巧妙灵活的免费活动策划等来吸粉的过程。

抓住热点、节日策划免费活动

在推广微信公众号的后期，企业不但要灵活多变，还应该时刻注意，在日常生活中互联网发生的一些热点事件。因为这些事件能够更好地带动企业的微信公众号传播。

企业可以借助这些网络热点话题来制造微信促销诱惑活动，此时，企业不但能够推广和宣传微信公众号，更能带动实际的消费。

2015年4月初，跨栏"飞人"刘翔宣布退役。这一信息立刻在网络上炸开锅，人们纷纷向刘翔致敬。一时间甚至掀起了"刘翔"风潮。在这个热点事件中，很多企业看过即过，但也有一些比较聪明的企业借助这个事件推出免费推广微信公众号的方法。

滴滴打车在 2015 年 4 月 8 日，在各大网站推出了“智能钢琴免费送：滴滴向跨栏英雄——刘翔致敬”的内容。该活动的参与规则是只要关注滴滴打车的微信订阅号，编辑“梦想 + 你的梦想描述”然后发送给该微信公众号，就有机会获得一架智能钢琴，另外，还有 100 张当时热映的《速度与激情 7》的电影票。如图 5-9 所示。

这个信息在网络中广受关注，人们通过微博、网站等渠道获得了这个信息，于是就会主动去搜索滴滴打车的微信订阅号，关注然后参与活动。由此，在这个活动中，滴滴打车的微信公众号粉丝数获得了前所未有的上升。

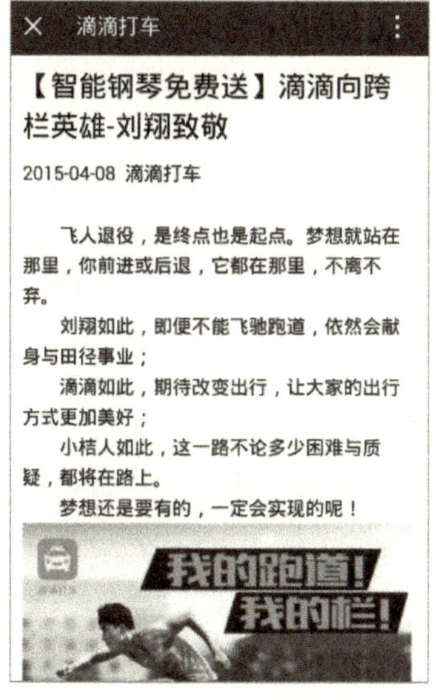

图 5-9 滴滴打车免费推广活动

线下免费推广方式多

在后期微信公众号的吸粉活动策划中，企业还可以借助线下的免费活动来推广，这个方法最直接，也最有效。在线下，企业的免费推广方式主要是依靠微信二维码的推广来进行。比如将微信公众号和二维码以及微信促销活动信息印刷在宣传单上，然后发送给用户，让用户看到之后快速扫描参与。或者采用将微信扫码的信息摆放在柜台、让用户扫描便可以免费获得样品、赠品等方式来吸引更多粉丝。

兰蔻化妆品专柜就经常使用这种方式来推广自己的微信公众号。在兰蔻的专柜中，有一个印有微信二维码的标牌，用户扫描一下，关注并且分享到朋友圈或者参与一份微信调查，就能在现场获得一份兰蔻样品或者现场获得兰蔻护肤体验。

这种方式获得了大量女性用户的青睐和支持，也为兰蔻的微信公众号带来了更多忠实的粉丝。

当然，在线下推广时，企业还应该注意一点，一定要将微信的二维码放在显眼的位置，让用户一眼就能看到，否则线下的免费推广也就显得无意义。

小贴士

在后期的微信公众号的推广中，企业必须要本着吸引粉丝的第一原则进行，很多企业往往在这个过程中被自己的一贯“传统广告思维”喧宾夺主，让用户无法在后期对公众号产生兴趣。

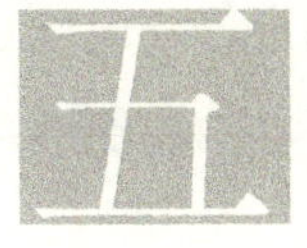

5.4 吸粉应避免的误区

无论是在前期、中期还是后期，建立了公众号的确需要快速吸粉。但是有些企业却往往在这个过程中，只注重运用各种策略吸粉，却忽视了很多细节上的问题，从而进入了很多误区。有些企业因为进入误区而导致吸入的粉丝都是僵尸粉儿，很快便烟消云散；还有些企业一味为了吸粉，对粉丝敷衍了事，最终也会流失粉丝；还有些企业吸入粉丝之后，便不管后期的安排，最终也留不住粉丝。

因此，吸粉固然没错，但一定要注意避免一些错误。下面我们就来详细说一下，在吸粉过程中应该避免的误区。

不给用户一个“扫一扫”的理由

许多企业在推广微信公众号时，往往只是将微信公众号的二维码放置在该放的位置，比如微博中、线下宣传单中、朋友圈中。虽然这个二维码很明显，但企业得到的效果却并不明显，这是为什么？

原因在于，企业没有给用户一个“扫一扫”的理由。用户看到一个二维码之后，首先如果没有吸引他的理由，那么他就很难主动去扫码，甚至以为这是恶意广告，从而尽快“躲避”。

因此，企业在吸引粉丝时，一定不能走入这个误区，规避的最好方式就是要给用户一个“扫一扫”的理由，在二维码旁边或者上面加入一些扫码的理由和解释内容。

当然，想要做到这一点，就需要企业真正了解用户的内在需求心理。例如用户需要什么样的理由去扫描二维码，扫描之后又需要什么样的心情去关注等。通常情况下，用户扫描二维码的理由很简单，无非就是想要获得微信专享或者优惠，得到礼品等。因此，企业需要给用户一点甜头，这样用户才能主动去关注和扫描你的微信公众号。

百度外卖为了吸引更多的粉丝关注扫描自己的微信，于是在线下进行了传单发送。在传单中，印刷了微信公众号二维码的信息。当然，百度外卖很巧妙地规避了不给用户扫码理由的这个误区。在微信公众号二维码中加入了“红包第一发，扫码即得”。这几个大字占据了整个传单的版面，让用户很容易看到。而且在下方的微信公众号二维码下方，又有一行清晰的字，标注：“扫码得现金红包”，如图5-10所示。

有了这样清晰的标注，用户就会很快去主动扫描这个二维码，成为百度外卖的粉丝。因此，企业想要获得精准粉丝，一定要给用户一个扫码的理由。

图 5-10 百度外卖扫码理由明确

没有创意的吸粉活动

很多企业抓住了当下的网络热点，也有了扫码的理由，但是在推出吸粉的活动时，却非常传统、非常庸俗，比如“关注微信有惊喜”“关注微信参与活动”。

这样平淡的微信吸粉活动很难从真正意义上吸引粉丝。甚至还会让粉丝感觉到这是一些硬性广告，尽管企业的活动很精彩，却也无法吸引粉丝的关注。很显然，在这个问题上，企业走入了没有创意的误区。

想要快速吸引粉丝眼球，就要在策划吸粉活动时，加入创意和新意元素，让你的吸粉活动与众不同，个性有魅力，才能快速吸引粉丝注意。

海飞丝去屑实力派在这一点上就非常巧妙地运用了创新元素，吸引了粉丝眼球。在微博中，海飞丝实力派官方微博中推出了微信二维码的推广内容。但是这个内容却与其他企业的平淡推广不同。海飞丝在二维码的图片中加入了卡通个性元素，而且分别用“不屑头屑”和“无屑自信”的方式来吸引粉丝扫描二维码，关注微信，大声呐喊出自己的“不屑”。这种具有号召性和力度的方式，吸引了很多年轻粉丝的关注。他们纷纷关注海飞丝微信，并且积极喊出自己的去屑主张，高调喊出自己的不屑，如图 5-11 所示。

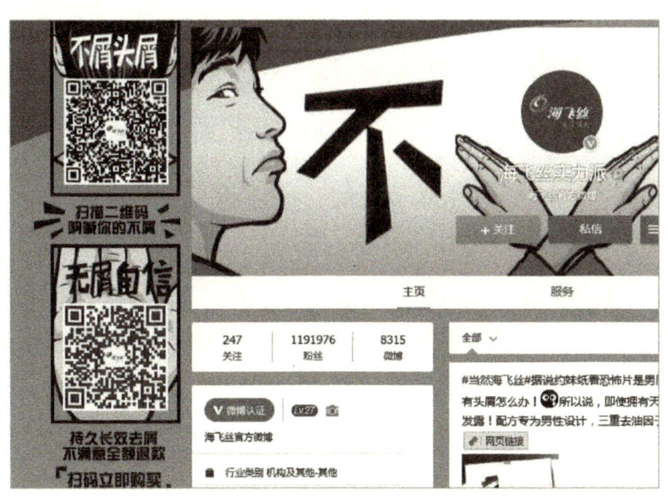

图 5-11 海飞丝实力派微博中创新微信推广

推广内容太啰唆，没有重点

企业在前期和中期吸引粉丝时，往往会通过一些文字上的内容来吸引粉丝。

也正因为如此，很多企业却很容易犯一个错误，或者走入一个误区：推广内容太啰唆，没有重点。很多企业总以为粉丝会详细地去看内容，所以在叙述内容时，总是啰唆繁冗，有时候一句话却偏偏用几句话来反复叙述。

事实上，粉丝在观看到一则信息时，特别是企业的信息时，往往不会细心地阅读。如果粉丝在第一眼印象中没有看到自己想要的内容，也就不会去细心品读的。所以企业一定要避免陷入这个误区，一定要在内容推广上，有重点，简单扼要地说出粉丝想要的内容。

将最精彩的、最抓人的、粉丝最感兴趣的重点放在前面，放在显眼位置，运用几句简单有力的话语标明即可，然后配加上微信公众号的二维码，那么就能顺利实现吸粉。

过于频繁发布推广，却不注重微信公众号质量

在吸粉过程中，很多企业还经常陷入这样一个误区：过于频繁在微博、QQ 空间、QQ 群、朋友圈等中发布自己的微信公众号信息。事实上，这样做可能长时间会积累一部分粉丝，但是却很难长久留住最早的粉丝。因为，这部分企业往往只注重频繁发送推广消息，而忽视了微信公众号的质量。

比如微信公众号的信息还是一个月之前的信息，或者一片空白。如果是这样，就算你一天发布十遍的推广信息，吸引了粉丝，那么粉丝看不到任何更新的东西，迟早也会流失的。因此，企业不能只顾着频繁发布推广信息，还应该注重微信公众号的质量，多用一些有质量的产品、微信文章和活动来吸引粉丝，这才是最关键的。

小贴士

无论是哪种误区，企业都要尽量在吸粉的道路上规避。同时，企业在吸入粉丝之后，不能不管粉丝。很多企业以为有了粉丝数量就可以了，其实粉丝的质量要比数量更重要。所以，企业在吸入粉丝之后，要维护好粉丝，用更好的服务和体验来留住粉丝，千万不可以只顾着吸粉，而忽视了后端的服务。

第六章

“钱”景无限的微信平台盈利技巧

微信公众号中有了内容和粉丝之后，接下来就要学会如何利用它来盈利。我们说，微信营销的“钱”景无限，不但可以推广产品、宣传品牌，更能直接通过这个平台获得利润。本章就向企业讲解如何利用微信平台来盈利。

从微信平台自身的前端收费开始，到向后获得广告等利润模式，再到推广软文、开设微店等方式，本章都做了详细的解说，从而使每个企业用户都能清楚意识到自己的盈利模式，然后物尽其用，获得更多的利润。

6.1 向前收费环节

很多人说，在移动互联网时代，拥有了粉丝就是一种资源。而且有了用户和粉丝，就等于有了流量，特别是对微信公众号来说，这就等于有了属于企业自己的“流量入口”。微信公众号在拥有一定数量粉丝的前提下，需要考虑的就是如何为企业盈利。那么如何实现微信公众号的盈利模式呢，它又都有哪些模式呢?

企业想盈利，就必须要有人向企业付费。这就涉及向前收费和向后收费模式。下面我们先来讲一下向前收费环节。向前顾名思义就是向用户来收费。

» 6.1.1 电商

向前收费环节中，一种比较广泛的模式就是电商模式。在出现商业、市场之后，人们兴起了一手交钱一手交货的商业模式。而当互联网来临时，我们将这种最原始的一手交钱一手交货的商业模式放在了互联网上，形成了网络销售，也就是电商模式。而在微信公众号崛起的时代下，我们必须顺应时代潮流，将网络销售模式放在微信上开展，形成微信电商模式。通俗来讲，就是在微信上售卖产品。

尽管微信公众号还在继续发展和完善中，但微信电商的模式却依然在火热前进。而且在微信上直接销售产品，这也正是企业建立微信公众号的一大向前盈利基础模式。

特步运动品牌在微信平台上搭建了一个特步官方旗舰店公众号，从名称上来看，这就是一个微信电商模式的最典型的体现形式。

在该微信公众号中的自定义菜单中的左侧有一个“微信购买”菜单，非常明显。这是特步为用户提供的微信直接购买的通道，节省了用户的时间，方便用户微信购物。

点击“直接购买”就能快速进入特步官方旗舰店的微网页中，在这里用户可以挑选特步的最新产品和热销产品。如果选中自己喜欢的运动鞋，即可点击购买进入“立即购买”页面，用户在这里，可以选择号码、颜色，与在PC端网页中购买产品是一样的模式，如图6-1、图6-2所示。选择好之后，就可以进入微信付款界面，然后绑定银行卡，一键微信支付。

这样的电商模式让用户可以在微信中如同徜徉在特步的PC端官方网站或者天猫旗舰店，只要选择好合适的产品，就可以购买。而且在微信公众号中，用户还有一个特殊的便利，那就是只要将某款产品的货号发给特步公众号，特步就能快速为用户找到该款产品的微信购买页面，方便又省时，让用户产生依赖。

当然了，企业想要借助这种电商模式在微信公众号中盈利，还应该在销售产品时，加入一些特殊的优惠活动，给微信用户一些特殊的优惠和折扣。这样才能让微信用户加大购买欲望，让企业实现更大的盈利。

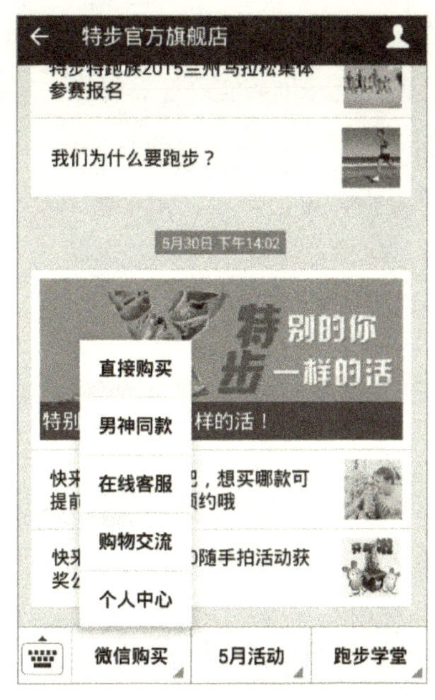

图 6-1 特步旗舰店微信电商

图 6-2 特步微信电商盈利模式

因此，可以看出，企业想要在微信公众号中盈利，需要加入电商销售模式，让产品直接展现出来，让用户可以一键购买，实现更大的交易。

» 6.1.2 游戏

在传统 PC 互联网上，网络游戏的收入一直非常很可观，而且也直接造就了一批纳斯达克上市公司，就算不上市，那也是赚得盆满钵满。而在移动互联网上，App Store 在 2012 年收入也已经突破 40 亿美元，随着智能手机的普及，人们更多地习惯在手机上玩游戏来打发时间，因此在这个巨大的数字中，APP 游戏就占了 30 亿。

从现在的形势来看，微信的崛起也一定能够激发微信用户玩游戏的趋势。所以企业想要利用微信公众号来盈利，可以在微信平台上展示自己的游戏，比如用 HTML5 的形式展现，让用户可以在微信上玩游戏，让企业实现前端的盈利。此外，那些在网络上的大型游戏，也可以搭建微信公众号，来进行游戏账号的微信充值、微信积分、微信领取礼包等，这样也能实现盈利。

龙图游戏公司为了旗下的游戏宣传和盈利，而搭建了微信公众号平台。在这个平台中希望可以借助用户下载游戏、试玩、领取礼包、充值等方式获得更大盈利。

例如在龙图游戏微信公众号中，用户可以直接下载龙图游戏旗下的刀塔传奇、媚三国等游戏，同时还能在“玩家服务”中，登录和绑定微信账号进行充值等服务管理。

此外，用户还可以在微信中通过绑定微信账号来领取限量礼包，如图 6-3 所示。这样能够在更大程度上刺激用户关注该微信公众号，此外，还能激发用户在微信上领取礼包、充值、积分，获得更多利益。而给了用户一定的好处之后，企业微信公众号吸引来的是更多的流量和充值，从某种意义上来说，龙图游戏通过微信公众号获得了多重利益和利润。

所以，游戏行业必须要看重微信公众号的作用，加大微信公众号的服务功能，让用户依赖。而对一些创业者来说，也可以直接在微信公众平台中进行二次开发，对接游戏，实现直接的盈利。

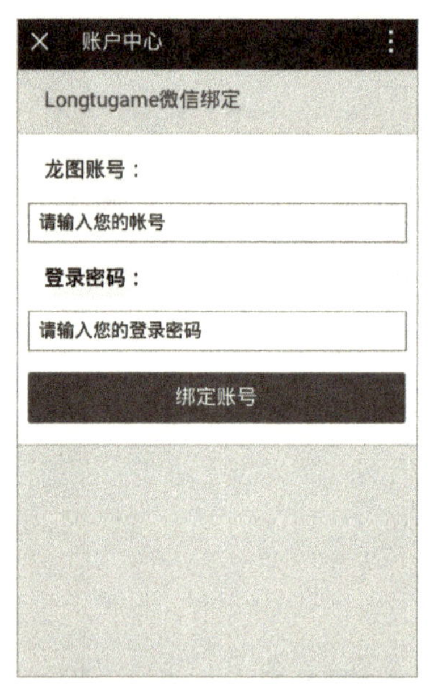

图 6-3 龙图游戏微信公众号绑定账号充值、领取礼包等服务

» 6.1.3 VIP 用户收费

微信说到底是一个以社交为概念的营销平台，但这并不代表微信无法盈利。在向前收费模式中，还应该特别注重微信的社交性质，从中做文章一定能够获得更大盈利。

在这里，其实我们说的就是社群概念，向 VIP 用户收费，打造更加顶级的圈子，为这部分用户提供更有价值的服务或者产品。这在实体店或者普通网络营销中也是经常可见的。比如我们去 KTV 唱歌，会员用户可能会享受到优质音响效果的包房，还有特殊的酒水赠送等服务，而一般的用户则没有这些优惠。用户想要得到这些优惠，就要办卡或者付费，这就形成了 VIP 用户收费模式。

在微信公众号运营中也是如此，你有微信粉丝不代表就可以盈利，一定要看你是不是能够吸引来更多的意见领袖，吸引来 VIP 用户。

关于这种收费模式，我们举个简单的例子来说明非常明了。比如我们在一些阅读器中阅读小说，如果用户想要看一些畅销或者优质的热门小说，就得付费。那么这样一来，粉丝越来越多，有需求的用户更多，他们很快就会变成 VIP 用户，进行付费，对企业来说，一年百万的盈利就这样获得了。

当然，值得注意的是，企业微信公众号要向 VIP 用户提供他们有需求的服务或者产品才行，否则他们不会"乖乖"付费。

知名婚恋网站百合网在微信公众号平台中就加入了对 VIP 用户收费的模式。在百合网的微信公众号中，很多服务都是免费的，比如恋爱攻略、相亲攻略、心灵测试、单身推荐、成功故事等。这些服务本身就已经吸引了更多微信用户的关注，但是在百合网的"百合 +"的菜单中有一个"送花给 TA"环节，这是一个特殊的收费环节。

百合网不但为用户送上精美的花束，以及每种花束所代表的爱情花语，同时还为用户送上了送花束的恋爱攻略秘籍。当然，这些花不是免费给用户的，而是需要用户来付费购买。但对 VIP 用户而言，这些花将以 4 折的优惠送出，如图 6-4 所示。如“表白攻略一，思念百合花束”，原价是 328 元，在百合网的微信中却只以 188 元的价格给微信用户呈现，而微信 VIP 用户，则在这个折扣上再打 4 折，只需要 75 元，就能得到这束花。

这样心动的价格和特殊意义的求爱方式，也让更多微信粉丝动心，于是很多普通的微信用户也纷纷加入 VIP 会员，从而会定期付费得到更多的优惠和特殊的服务。

因此，企业建立微信公众号之后，可以推出更多优质的服务给那些付费的 VIP 用户，这样就能从这个前端的营销中获得更多的利润。尽管这样的盈利门槛有些高，尤其对一些小企业或者刚建立微信公众号的企业来说。但对那些大企业或者大品牌来讲，这样的向前收费非常有必要，而且其中也蕴藏着巨大的盈利潜力。

图 6-4 百合网微信向 VIP 用户收费模式

» 6.1.4 成为附近商户

对于如何使用微信公众号营销，获得赢利，企业还可以直接将自己的店铺放在“附近的人”功能中。也许你会认为，这个功能只是微信个人账号的特权。其实不然，微信公众平台已经对门店进行了特权，门店也可以通过微信公众号的设置来添加在“附近的人”中，让企业的门店，成为“附近的商户”。

当然，这个前提是你的门店需要建立一个微信公众号，同时你的微信公众号需要是认证过的服务号。这样才有机会在“附近的人”的列表中展示。

微信公众号支持线下门店的商户上传，并且管理自己的门店信息。商户可以将自己的门店在卡券、公众号、摇周边、微信 WiFi 等业务中使用，更好地为粉丝提供服务。

同时，符合“优质”标准的门店，在添加卡券之后，将还有机会在“附近的人”列表中排在第一位，在线时间为七天。而这个优质的标准为：全部字段完整填写，内容真实，至少上传三张门店清晰图片。有了这些细节的完善之后，门店将会出现在微信用户“附近的人”中的第一位，这样方便用户直接进入企业公众号和门店，进行了解门店信息，甚至在线用微信购买产品，为企业带来直接的利润。

下面我们来介绍一下如何来进行操作这一细节。

首先，打开微信公众号后台，在首页左侧点击“添加功能插件”选项（图 6-5）。

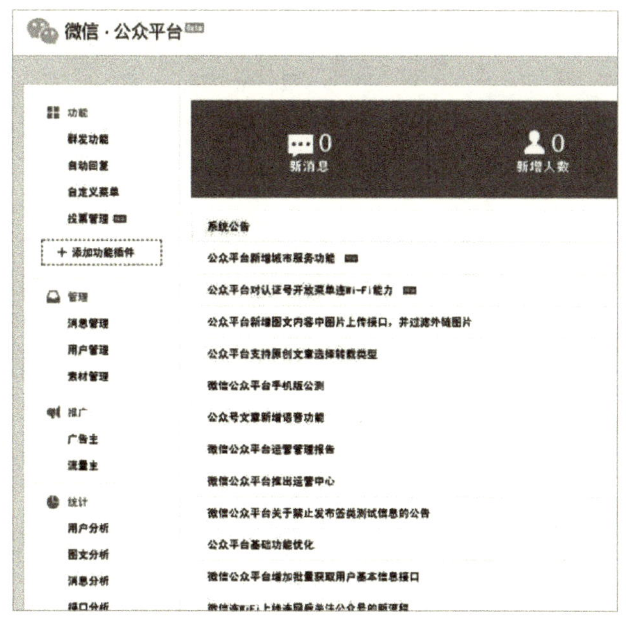

图 6-5 微信公众号“添加功能插件”菜单

进入该选项之后，会看到一系列的功能插件，其中点击“门店管理”插件，然后再点击“申请开通”（图 6-6）。用户如果是认证过的服务号或者开通卡券功能的公众号，就能即时开通这一服务。

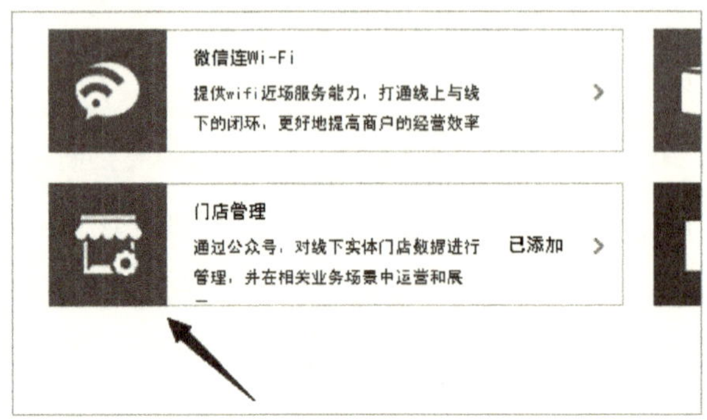

图 6-6 “添加功能插件”下的“申请开通”菜单

当企业开通门店管理插件之后，在首页左侧功能栏中，就会出现一个“门店管理”的入口（图 6-7）。

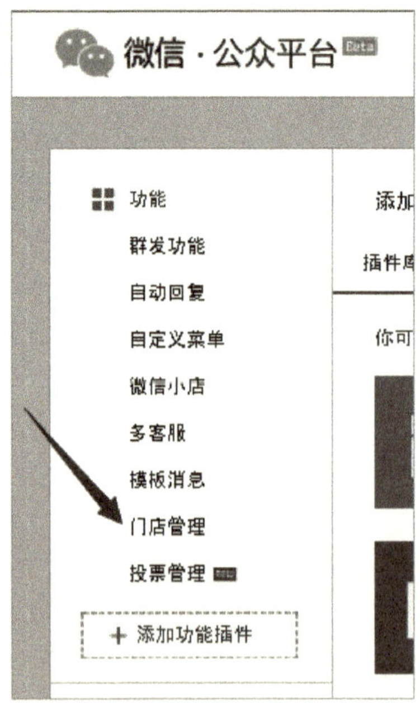

图 6-7 开通门店管理后的界面

进入门店管理之后，企业就可以进行对门店的管理，比如添加信息、删除、修改等工作。门店新建之后，还会通过规定审核，审核通过之后的门店，且符合上述我们讲过的“优质“条件的门店，将会在“附近的人”中出现在首位，用户点击即可获得该门店的详情信息。

例如，我们用微信个人账号搜索一下“附近的人”，在首位出现的是当前区域中的链家地产（金地名京店）（图 6-8）。

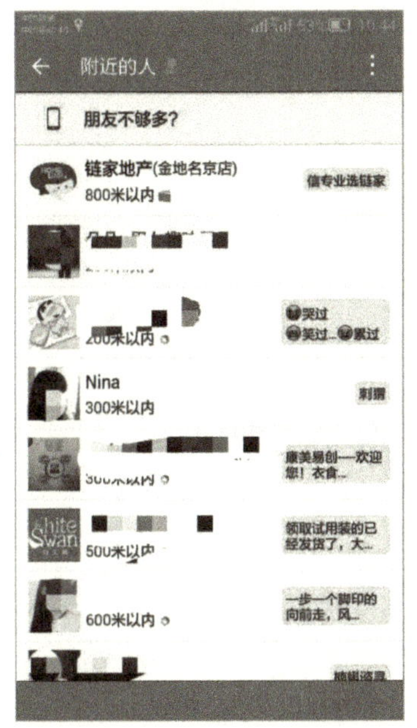

图 6-8 用户搜索附近的人时呈现的界面

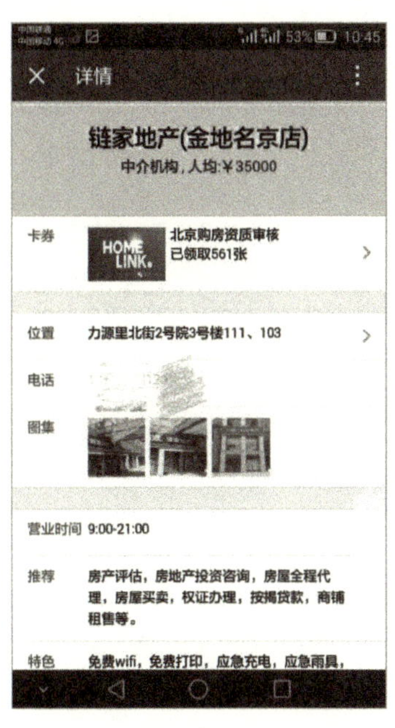

图 6-9 附近商户的介绍

点击这个门店，会进入链家地产该门店的详细页面，有具体的位置、营业时间、特色介绍、电话和图集等（图 6-9），用户通过这些内容对商户进行相关的了解。

小贴士

从一个微信公众号建立到经营，到积累了一定的粉丝之后，大多数企业考虑以及纠结的就是应该如何盈利，如何将粉丝流量转换成利润，实现变现闭环。而在向前的盈利模式中，企业不能只依靠这三种模式，还应该发动脑筋，在这基础上，思考更多的适合企业盈利的方式。此外，企业一定注意，向前收费模式一定既要满足用户需求，获得盈利，又不能因为过多的“商业”模式，而让粉丝远离，一定拿捏好其中的度。

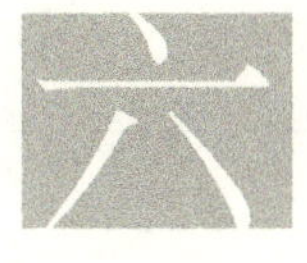

6.2 向后收费

说完了向前收费盈利模式，下面我们就来说一下向后的收费模式。向后收费模式有哪些呢？比如企业可以做微信平台的广告主、流量主，间接投放广告、植入广告等。总之，这样能够在后端获得盈利是企业微信公众号梦寐以求的。

» 6.2.1 微信广告

2014 年 9 月，微信公众平台推出了可以在公众平台中增加推广功能，新增 APP 下载广告、卡片和图文广告。

首先企业可以成为广告主，可以定向来投放广告，精准推广自己的服务。广告可以让企业获得更多机会的展示，并且还可以按点击收费，效益可观。而微信平台又推出可以新增更多的广告推广功能，意味着广告主可以推广更多 APP 商店应用平台的软件，微信用户可以通过点击广告后，直接下载推广中的 APP。

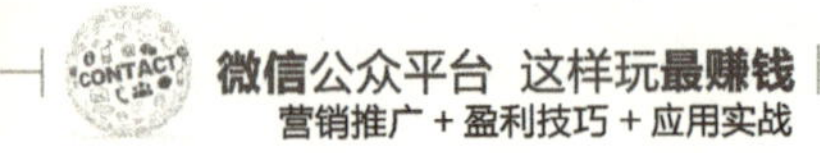

此外，企业还可以在推广公众号时，广告主选择关注卡片广告规格，直接引导用户去关注。在这个过程中，企业可以选择图片、图文或者链接方式。

而且只要企业关注的用户达到 5 万，那么企业就可以开通流量主功能，企业成为流量主之后，就可以按月获取广告收入。

比如微信团队公众号在微信广告中推广天天跑酷的实践操作，如图 6-10 所示。这样的广告，可以让企业获得更多的额外收入。

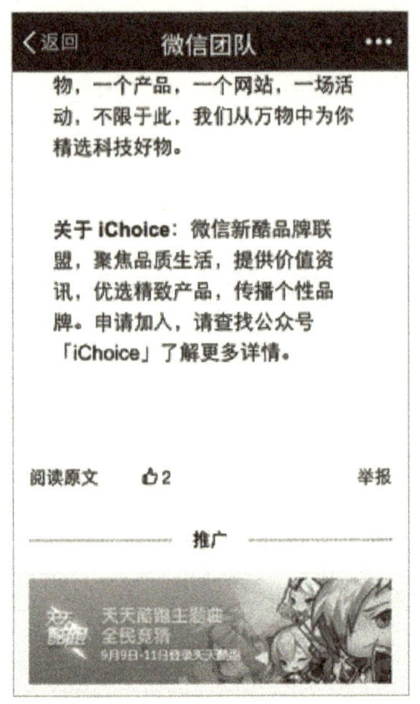

图 6-10 微信广告

此外，微信广告的方式还有一种不多见、但却很有效果的模式，那就是在朋友圈中做广告。微信的“前景”可谓是离用户越来越近，2015 年 5 月底，很多人的微信朋友圈中又多了几个特殊的“好友状态”，这就是企业微信公众号在朋友圈中的广告。如捷豹汽车、三星手机等。

这种微信广告非常精准。早在 2015 年年初时，微信就已经公测过这样的朋友圈广告。企业会根据用户的经济水平和消费观念来推广自己的广告，比如经济水平较高的用户会在朋友圈中收到宝马的微信广告，而小米用户则会收到

OPPO 的微信广告，而其他手机用户，则会收到可口可乐的广告。尽管这有些夸张，但却体现出了微信广告的精准化。

2015 年 5 月底，不少人在朋友圈中又收到了捷豹汽车和三星的广告。事实上，在朋友圈中出现的这种个性化广告，的确给用户带来了很大的刺激，激发他们去消费。比如三星在 2015 年 6 月 1 日“儿童节”晚上在朋友圈中发出了三星新款手机的广告：“还记得童年时的 Ta 吗？”，如图 6-11 所示。

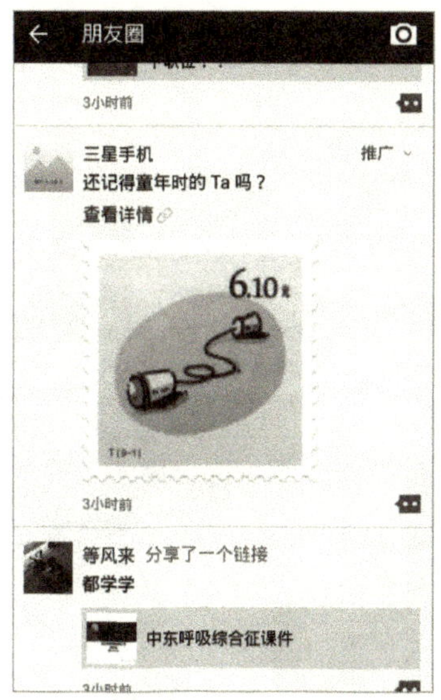

图 6-11 三星朋友圈中的微信广告

用户在回味童年时，很可能就会点击查看，那么用户对三星的需求也会越来越高。因此，三星在这个广告中就有可能获得更多的盈利。所以，微信广告的方式是企业后端盈利必不可少的一种模式。

» 6.2.2 间接投放

在微信公众号上的间接投放顾名思义就是不直接在微信后台投放广告，而是将用户带到一个第三方的页面中。在这个第三方页面中投放广告。例如可以在企业微信公众号的菜单中加入一些第三方的链接，或者给用户提供一个浏览器的功能，在所有的 WAP 页面上，都可以做广告，进行大胆尝试。

例如陈坤的个人微信公众号就是如此，它充分利用第三方功能，将粉丝带入到了一个个性化的浏览器页面，在这里，不但有陈坤丰富的个人照片、写真、音乐，还有很多陈坤工作室的产品及销售方式。

不只是明星微信公众号善于运用间接投放的方式来获得利润，很多企业也是如此，巴黎欧莱雅在微信公众号中，有一个“精彩 APP”的菜单环节，点击之后，用户可以通过在浏览器中打开的方式进入欧莱雅的 APP 下载和精彩内容呈现页面，如图 6-12 所示。

图 6-12 巴黎欧莱雅间接投放广告

通过这种方式，欧莱雅在微信公众号中，不但将微信的内容呈现出来，给粉丝一些意外的惊喜，而且还有效地将 APP 的下载率提高上去。因此，从某种程度上来说，巴黎欧莱雅获得的是更大的利润空间。

小贴士

企业在进行微信后向盈利，投入广告等方式时，虽然可以获得额外的利润。但是也有它一定的缺点，比如广告跳转时会造成一定用户的流失；其次一些不恰当的广告也会严重影响用户体验，导致用户取消对企业公众号的关注；最后有些广告存在风险。因此面对这些弊端，企业应该做好权衡，在后端收费中一定要注重用户体验和感受，这样才能真正获得用户的认可，从而实现更大的利润。

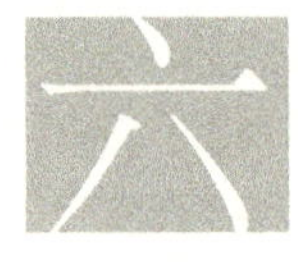

6.3 软文

所谓软文获利，其实就是一种依靠文字来获得利润的方式。很多公司由于公众号刚建立，或者企业的产品刚研发，而得不到很多粉丝或者消费者购买，于是就会花钱来雇佣一些高知名度的微信公众号来为自己做软文广告。而为他们推广的微信公众号就是通过软文来获得盈利的企业。

最简单也是原始的方法，就是直接在微信公众号上发布商家的文章，或者用不太明显的软文来宣传商家的产品或者活动。比如一些科技热门微信公众号，就可以给一些新兴创业公司、APP、产品做宣传，从中获利。

在这里，我们有两点希望企业加以注意。

第一，不要触犯微信官方政策的高压线

万事都需要小心，即便是通过软文来给一些企业做软文广告，也不能太过盲目。微信公众平台的运营规则中提出了不能在推广中加入一些恶意营销或者诱导类的营销语言和方式的要求。所以，微信公众号必须要明确这一点，不能触犯微信官方的政策。

企业软文就像普通文章一样，给用户送上内容。只不过在介绍相关企业或者产品时，可以多将企业或者产品的特色进行描述，让用户一眼就能看明白，从而激发用户去关注或者购买产品。

精品头条 iLifeStyle 的微信公众号已经积累了大量的时尚用户，这些用户几乎都会来这个微信公众号中浏览一些新信息。于是，很多企业或者个人的服装品牌也纷纷找到了这个微信公众号，希望它能为自己做软文推广。

精品头条 iLifeStyle 自然不会拒绝这些送到嘴里的“肥肉”，于是就经常在微信中为一些时尚博主、服装品牌等做软文推广。在这些推广中，精品头条 iLifeStyle 总是用一种普通的方式来介绍企业，就像是介绍自己的某种产品一样，通俗自然，最终让用户可以自然而然地去关注文中提到的企业。如 2015 年 6 月 1 日，精品头条 iLifeStyle 在微信中推出了这样的信息：“全球知名时尚博主大起底”，这看似是一个关于时尚的揭秘文章，但其实是为一些时尚博主和产品链接做软文推广的一种方式。在文中，精品头条 iLifeStyle 非常趣味地解读了时尚，并且恰到好处地推出了博主们的博客链接和产品链接，让用户欲罢不能，只好主动点击查看，从而对这些产品和博主产生了很大兴趣，如图 6-13 所示。

图 6-13 精品头条 iLifeStyle 软文广告

第二，结合微信内容特点和用户属性精准推软文

想要通过软文广告来获得盈利的一个重要前提就是要稳住用户、吸引用户、留住用户。如果你的软文广告过于直接或者直白，那么用户很可能会取消对你的关注，这样一来，不但被推广企业不会付费给你，你的微信公众号也会流失大量粉丝。

因此，在进行软文广告时，一定要尽量结合你的微信内容特点和用户的属性进行精准的推广。将一些广告融入软文中，让用户看上去完全不像是一个广告，甚至达到广告的内容本身就是用户需要的一种服务。

爱范儿是一个发现新媒体的微信公众号，对走在数码智能科技界内的一切产品、新品、服务、特色，爱范儿都能第一手资料了解。于是通过对科技的敏感嗅觉和独到的点评，爱范儿获得了大量科技数码爱好者的关注。

爱范儿出名之后，很多数码企业、科技公司也找到了它，希望能为自己的新产品写些文章，吸引更多用户。爱范儿对这样一个既能发挥自己优势，又能获得利润的方式自然不会放过，于是在爱范儿的软文中出现了很多的新产品和智能界的新品牌。

而爱范儿在软文中推广一款产品或者企业时，总是能够结合微信粉丝的属性和爱范儿的整个内容特点，来精准营销，给这些用户送去了最专业的指导。比如爱范儿对索尼新款蓝牙音箱 X11、X33 的软文介绍就非常注重这一点，如图 6-14 所示。

爱范儿

要便携又要好音质？索尼说，没问题 | 品牌

原创 2015-06-01 李谋 爱范儿

剧透预警：本文含儿童节福利，请移步文章底部领取

现在的人们都喜欢用流媒体来欣赏音乐，不管是国外的 Spotify 还是国内的网易云音乐，都有不少拥夏

图 6-14 爱范儿为索尼蓝牙音箱产品做软文广告

用介绍产品的方式来做自己擅长的事情，不但获得了目标用户的关注，还赢得了被推广企业的报酬，所以爱范儿利用软文来盈利的道路就走得越来越好。

小贴士

微信公众号利用软文来盈利是企业最简单也是最直接的盈利方式，当然这有一个前提就是你必须有足够的粉丝量，而且这些粉丝量还必须是忠诚的。所以，想要获得软文盈利，企业在前期必须先抓用户，积累粉丝。否则你的软文就算写得再好，也没有用户点击和观看，那么软文盈利就难以实现。

6.4 开店

开微店是微信公众号盈利的又一大法宝和措施。很多企业只是为了宣传企业产品或者服务，而建立了公众号；也有些企业是为了通过微信公众号来积累更多粉丝，为企业的品牌推广和产品销售做服务；更有些企业则集中了这两种模式，不但用微信公众号积累了粉丝，推广了产品，更利用微信平台搭建了微店，直接卖东西，直接产生利润。

» 6.4.1 开店流程

利用微信公众号开店的方式多种多样，企业应该选择自己适合的模式开店，下面我们介绍几种主要微店的开店流程。

微信小店

2014 年 5 月 29 日，微信平台新增了“微信小店”功能。这个功能满足了开发者在微信中开店卖货的一大重要需求。而且这种 “零门槛”的电商模式也正式被更多企业所接受。企业只要开通这个模式，就可以在后台添加商品、管理用户和商品，实现一系列的微信电商盈利操作。

尽管如此，还是有很多人搞不明白，微信公众号到底如何开微信小店？下面我们来看一下开设微信小店需要具备什么样的条件，以及它的开店流程。

并非任何一个微信公众号都能开通微信小店，首先你的微信公众号是经过微信认证的。那么如何来申请微信认证呢？

微信认证结果分为资质审核和名称审核，这也是为了能更好地保护企业和用户的合法权益。微信认证支持所有组织类型的公众号申请全新的微信认证，此外，只有服务号商户才能申请开微信小店。

微信认证的流程大致分为以下几点：首先审核服务费用是每次300元。企业在规定时间内，提交完善的资料，然后进行认证申请。申请人获得企业的真实授权，就能通过账号资质审核。

用户每申请一次认证服务都需要支付一次的审核服务费用，期限是一年。企业务必在账号资质审核成功后的一年内完成年审认证，每次年审认证还需要另支付审核服务费用。最终微信认证成功后，用户将在微信中看到认证公众号特有的标志。

完成认证之后，企业微信公众号就能获得更多高级的权限接口，然后在开发者中选择微信小店申请。

当然，完成微信认证之后，企业还应该接入一个重要的接口——微信支付。在微信中开设微信小店来销售产品，首先就要有交易，而交易的前提是什么呢？是支付。微信小店开设的要求中，首当其冲一个就是需要接入微信支付功能。所以，只有满足了微信认证并且接入微信支付功能的微信公众号才能成功开设微信小店。

企业在开发者中心中，获得微信小店的开设权限，然后就可以开通微信小店了，如图6-15所示。在这里上货管理，进行交易。

功能服务		会话控制	未获得
	微信支付	微信支付接口	未获得
	微信小店	微信小店接口	未获得
	微信卡包	微信卡包接口	未获得
	设备功能	设备功能接口	未获得
	网页账号	网页授权获取用户基本信息	未获得

图 6-15 微信小店权限

比如新东方大愚文化微信公众号中就通过各种认证和审核开设了一个微信小店。在新东方大愚文化的微信公众号菜单中的“我要买”点击“微信小店”进入新东方大愚文化微信小店，在这里，我们可以看到很多特价书籍，用户可以直接购买，如图 6-16、图 6-17 所示。

图 6-16 新东方大愚文化“微信小店”菜单

图 6-17 新东方大愚图书微信小店

微信小店的开通让更多企业可以直接在微信公众号中获利，让微信公众号成为了一个名副其实的销售平台和微电商平台，这也让更多的商户有机会融入微信电商模式中，实现无技术的零门槛开店交易，同时这也是直接导致微信电商模式走入一个全新的时代的标志。

利用第三方搭建微店

企业想要开通微信商城或者开设微店，必要时候必须利用第三方来接入店铺，这也是一种非常普遍的盈利模式。

如微信商城的开设，企业需要有一个微信公众号，然后有了这样一个载体之后，接入微信支付，同时将企业的微官网、旗舰店链接嵌入其中，就可以开通，微信用户只需要通过商家的微信公众号就能实现订购与支付的一体化服务模式。

此外，利用第三方模式接入微店、微商城、旗舰店也是更普遍的做法。开通微店的方式其实很简单，目前有多个第三方平台都可以开通，比如京东微店、拍拍微店、口袋同微店、微店网等。

下面我们以京东微店开设流程为例来说明微店如何开通。

首先企业需要先登录微信公众平台注册一个微信公众号，而且一定是可以接入微信支付的服务号。开通之后，在公众平台的“公众号设置”中查看企业的微信公众号以及微信原始 ID 等具体信息。

然后企业再登录腾讯网站注册一个 QQ 账号，最后企业登录京东微店开设页面，申请开店，在这里填写微信号、微信原始 ID 账号、QQ 号以及联系人的身份证号码、手机号码等信息。然后等待京东、微信的两方工作人员进行审核和认证，认证通过之后，便可成功开设京东微店。

目前已经有很多品牌纷纷在京东微店中开店，比如骆驼服饰、特步运动、七匹狼男装、初语服饰等，如图 6-18 所示。当然，在其他的微店模式中，商家也可以通过各种第三方平台来快速开店。企业要选择好自己的属性，然后确定自己的微信类型，随后认真完成流程，才能顺利开店。

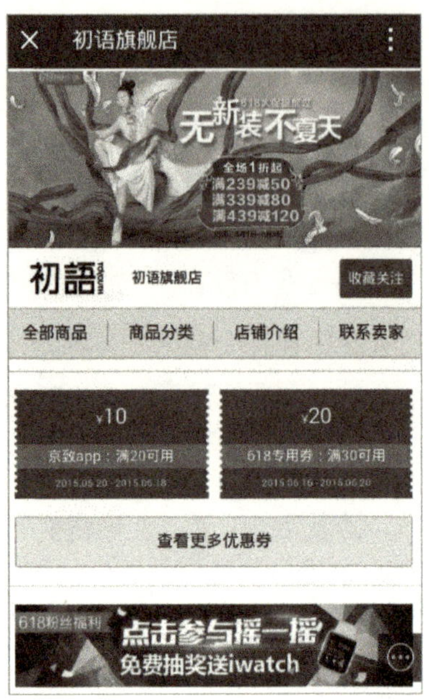

图 6-18 初语服饰京东微店页面

» 6.4.2 选对产品才能赚到钱

在你开设了一个微店之后，那么接下来的问题就是要进货，选择什么样的产品来卖，才能吸引用户呢？对于选择产品方面，企业必须要全面考量。很多时候，企业往往会发现自己的微店中全都是产品，却不能获得用户喜爱。当你每天在后台观测用户货架浏览量、商品浏览量以及收获的订单数据时，你是不是会因为寥寥无几的数字而苦恼？可能你百思不得其解，到底为什么微店里的产品卖不出去？

事实上，面对这种情况，企业更需要冷静和反思，反思是不是自己选择的产品与企业性质或者主打产品相违背，或者思考是不是这些产品并不是粉丝所需求的……

多与粉丝沟通互动，了解粉丝的产品需求

针对选择微店产品的问题，企业务必要多在公众号中与粉丝互动和沟通，比如可以通过推送一些信息或者调查来了解粉丝的产品需求和生活状况。做足了这些准备之后，再管理商品，选择上架的产品，就一定能够获得粉丝认可和接受。

目前微店的目标用户大都以两个群体为主：第一个是大学生群体。学生在微信营销当道的今天，成为了比重较大的用户群。这部分人习惯在微信上购物、享受服务，而且这类人接受新鲜事物的能力很强，对外传播能力也很强大。因此企业可以选择这批用户作为目标用户来上产品，同时要时常在这群人中穿梭，与他们进行聊天、互动，从中得到市场的信息，年轻人的追求等。

第二个群体就是上班族、白领。其实这类人才是最大的一个微信产品消费主体。这类人的经济能力雄厚，而且追求时尚，对于微信等移动服务比较依赖，喜欢宅在家里上微信，他们习惯每天 24 小时手机不离手。因此，掌握这部分人的消费需求，多与他们沟通，一定能为自己的微店带来更畅销的产品。

选择时尚流行、物美价廉的产品上架微店

俗话说，选对产品才能赚到钱。如果你是一个服装企业，那么你的微店中的产品是不是就一定要与实体店或者天猫旗舰店中的产品同步呢？

如果你选择与实体店或者淘宝店中的产品同步，那么吸引来的用户可能就是一些老客户，或者依赖微信的客户，不会吸引更多的新用户，那么你的微店盈利面就变得非常狭窄。

所以企业在微店中选择产品时，一定要注意粉丝的需求，还要观察市场的整体变化，从中寻求差异化市场。比如在微店中可以选择卖一些时尚、流行、个性化的东西，而这些产品很难在网络的店铺中找到。其次，还可以卖一些折扣低、物美价廉的超值产品。这样能够吸引更多粉丝光顾，甚至还能在短时间内引发一阵微店购物热潮，你的微信粉丝也会对你的微店产生依赖，期待你有更多的产品销售。

» 6.4.3 想要“吸睛”，装修是关键

无论是微信小店，还是其他形式的微店，自从开放以来，就因为其自身的“小”而被众多的网络电商大亨瞧不起，他们认为在当前移动营销竞争激烈的情况下，微店的形式很难满足用户需求。然而这至少也是一部分人的偏见。

事实上，包括微信小店在内的微店模式是微信电商的第一班列车，它打开了微商的新局面，让企业可以在微信公众号平台中直接盈利，尤其是对一些小企业来说，更是在大竞争环境中的一个木筏。

当然了，这也不代表你只要建立了微店，选择好了产品就能获得高利润，还需要看外表的装修能不能吸引用户眼球。换句话说，想要让微店变得“高大上”，就要做好店面装修设计。

眉头或者欢迎页面是吸引用户打开“门”的第一步

当然企业可以动用很多第三方公司和平台来装修店铺，但是大多数的微店还都是一个固定的模式，比如打开之后就先看到产品、说明、价格，最多增加一些不同的时尚图片或者元素。其实这样的装修和布局不能吸引人。

因此企业想要让自己的微店有一个与众不同的模式，让人们大开眼界，首先就不能忽视微店的欢迎页面。很多微店往往忽视欢迎页面，甚至会省略掉，直接体现出产品。其实这是错误的意识，欢迎页面犹如一个房子的大门和玄关，大门和玄关装饰得个性、美丽，自然就会让人忍不住去推开。

在选择微店眉头或者欢迎页面的图片时，企业需要遵循两个原则：第一，图片要与企业有关，不能脱离企业，否则容易让用户产生错觉，或者很容易在看到产品之后对企业的微店失望；第二，欢迎页面的图片要清新大气，充满时尚唯美格调。这样的图片才能真正抓住用户的心，让用户主动去推开这扇“门”。

李维斯手表在微店的眉头页面中就加入了大气时尚的青春气息，少年滑板、青春潮流，在这里有你所有想要的流行、时尚、年轻气息，如图 6-19 所示。因此，用户打开之后便很快会喜欢上这样一个微店。

微店整体色彩要协调，让用户在视觉上有好感

在微店的装修和设计上，企业最不能忽视的就是色彩，这关系到用户的视觉感受，直接影响用户是不是继续留在这里，还是关闭网页。在色彩的选择上，企业可以参考两个方面。

图 6-19 李维斯手表微店眉头欢迎页面尽显年轻大气

第一，跳出人们以往的思维，用个性十足的色彩，来打破传统，多运用一些鲜艳的颜色来挑战用户的视觉感受。例如还是李维斯手表的微店，在色彩上就非常艳丽，个性十足，更能衬托出李维斯手表的酷感。此外，李维斯腕表所散发出的年轻、活力、时尚感也全都被烘托出来，能够激发用户的购买欲，如图 6-20 所示。

第二，色彩要协调，微店的整体色调要一致，不能忽然过于突兀，或者过于刺眼。一致的色调，可以让人在购买选择产品时，有比较舒服的体验，同时还能体现出企业的良苦用心和细心优势。

亚马逊 Kindle 阅读器微店官方商城中的色彩就体现得非常协调一致，让用户首先在视觉上有一个很舒服的体验，黑白灰三色的经典搭配，让用户感受到了企业的细心和沉稳，因此用户也会留在这个微店上继续浏览，如图 6-21 所示。

图 6-20 李维斯腕表微店色彩彰显年轻　图 6-21 亚马逊阅读器微店色彩协调统一

根据产品特色和消费群体需要打造浪漫微店外观

微店的装修就好比实体店的橱窗陈列，一个好的陈列，可以让用户多看两眼，多停留一会儿。而一个非常黯淡、单调的装修和布局，则不会给人留下好印象，更难吸引用户在店铺里购物。

事实上，微店的目标消费群体大都是一些女性用户，女性用户的共同点就是爱美，对美的东西也往往会爱不释手。所以企业可以根据这部分人的需求和产品的特色，打造一个浪漫的微店外观。女性用户往往对浪漫唯美的东西没有任何抗拒。

伊芙丽女装在京东微店中的外观就唯美浪漫，唯美浪漫的风格本来就是伊芙丽女装的其中一大特色，而在微店中，又将这种唯美格调加入了微店中，这将对更多用户是一种诱惑，如图 6-22 所示。

图 6-22 伊芙丽微店尽显唯美浪漫

因此，浪漫唯美的微店外观也是非常值得用户留恋的，所以企业的微店想要“吸睛”必须要重视微店外观的装修和设计。

» 6.4.4 增加销量，促销永远有效

开设了微信，选择好了产品，微店布局也完美大气之后，那么接下来就是增加销量了。更让微店的销量上升，实现更大的微信公众号盈利，企业必须要学会灵活促销。

促销的方式有很多，企业要根据自身的产品特点和消费者属性来选择。下面我们来简单介绍几种促销的有效模式。

节日促销有妙招

节日促销是快速增加销量的有效方式。在微店的促销中，节日的出现依然有不可替代的力量。

企业必须要把握好节日的到来，加强有趣味的促销。6 月 1 日是国际“儿

童节”，在这天，很多企业纷纷对儿童产品做出了大促销、让利活动。但是很少有企业会对成年人的产品给出促销。于是裂帛服饰就走个性化异类道路，在微店中推出了“童心依旧，欢乐依然”的趣味促销活动。

在这天，裂帛为成年人送上了“减龄欢乐惠”促销活动，在这个专区中不但产品特价打折，而且还包邮，如图 6-23 所示。于是该“童心依旧”专题促销活动瞬间就被微信粉丝“攻占”，在这期间，裂帛的该部分产品的销售也都非常可观。

图 6-23 裂帛服饰微店节日趣味促销

买产品就送业务，推出“打包”促销

在微店中想要获得大的销量，单纯的打折或者优惠已经远远不能满足用户需求。因此，企业务必要在这个基础上为用户送上更多的惊喜，比如“买就送”等“打包”促销，这样不但能够给用户形成一种“买到大便宜”的感觉，还能让用户更多地宣传给其他的用户，实现微店的良好口碑营销。

OPPO 手机微店在这方面就做得很好，OPPO 微店在微店的首页中就公开表明这样的信息：“免费送业务包”，具体的规则是只要用户在微店中购买联通 4G 手机，就会免费获得 300M 的流量和 300 分钟的语音通话。此外，在每款手机的特价促销中，都有一个“打包”促销模式，比如买手机送蓝牙耳机、送手机壳、送音箱等，如图 6-24 所示。

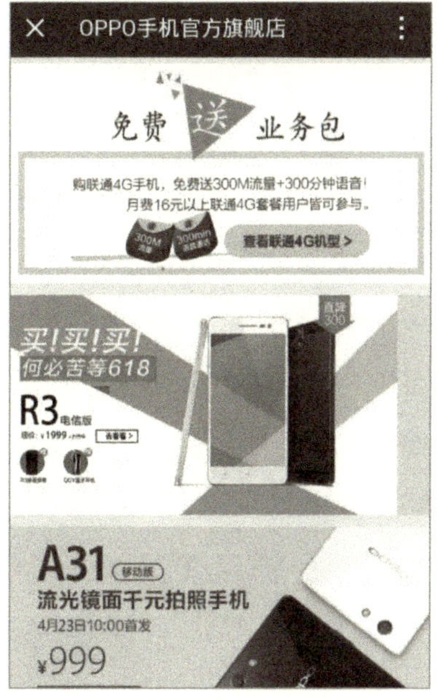

图 6-24 OPPO 手机“打包”促销

通过这样捆绑式的“打包”促销，OPPO 手机微店在销量上出现了明显的上升，而且微信公众号的粉丝也越来越多，粉丝们也积极地将 OPPO 的促销信息更广泛地推广出去。

» 6.4.5 通过微信公众号做推广

想要使微店的产品让更多的人知道，从而去购买，仅凭微店的内在促销力度还是不够的，还应该借助其载体——微信公众号，来进行推广，这样才能让微信公众号的各种功能物尽其用，让盈利变得更大。

当微信公众号积累了一定粉丝之后，这些粉丝就会定期查看企业发来的群发消息或者新增加的菜单内容。因此，企业完全可以借助这种资源，将微店的一些促销或者产品销售在微信公众号中推广，让更多粉丝前往微店购物，实现交易。

比如骆驼户外服饰在这方面就将局势看得很清晰，在微信公众号中加入了一个“粉丝内购”菜单环节。仅凭“粉丝内购”这四个字就已经深深吸引了微信公众号粉丝的眼球，于是粉丝们会点击这个菜单，查看“内购”的“内幕”。

骆驼也并没有让微信用户失望，在这里，骆驼为用户清晰地标明了“微信店铺”“京东微店”“品牌故事”和“店铺活动”内容，如图 6-25 所示。一来，用户可以通过点击“微信店铺”和“京东微店”来直接通过微信购物，避免了更多去 PC 端购物的麻烦。二来，通过点击“店铺活动”还能享受到骆驼微店的特殊优惠，让用户感觉到在微店中购物有更大的优惠，可以节省金钱。

的确，在“店铺活动”推广中，骆驼为用户推送了更多的促销活动，比如“骆驼第三届户外节”，在这里，用户微店购物可以享受到更多的特价优惠和粉丝福利。

通过骆驼微信公众号的这种大力推广，骆驼微店不但销量上升，而且也获得了更多微信新粉丝的关注，这对骆驼产品的销售和品牌知名度都是一个很大的提升。

因此，企业微店想要获得更大盈利，一定要通过微信公众号来做有趣的推广，将微信公众号的海量粉丝吸引到微店中，从而直接产生盈利。

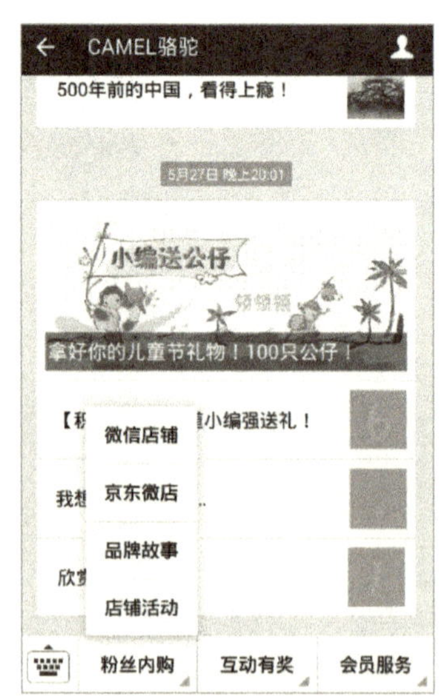

图 6-25 骆驼微信公众号推广微店购物

小贴士

企业要充分利用好微信公众平台的各种功能，利用开店模式来获得更大的盈利。此外，维护好微信粉丝数量就等于为微店的销量打好了基础。当然了，企业在微信公众号的盈利模式中，也不能将全部精力都放在开店卖东西上，企业还更应该做好服务，服务到位，才能留住更多用户，实现更大盈利。

第七章

不懂销售，你的公众号就白开了

开通微信公众号之后，对企业最大的一个优势无疑是利用这个平台来进行实际的销售。如何在微信公众号中销售呢？很多人觉得只要推广产品、群发消息就可以了。实际上，销售需要技巧和技术。从微信公众号给用户回复的第一个开口就蕴含着很多的技巧，不是所有的欢迎词都适合粉丝。众口难调，微信粉丝的口味不同，这需要企业从了解粉丝开始，抓住不同用户的“性格”来进行更精准的销售。本章是一个技术含量高的章节，同时也是非常重要的环节，企业必须要认真消化，否则你的微信公众号就白开了。

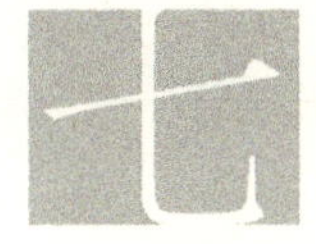

7.1 一开口就惊艳用户

企业建立了公众号，也积累了一定的粉丝群之后，接下来就应该开始真正的销售了。很多人认为微信公众号只要建立了，有了粉丝，那么将产品往上一推，就能实现销售。有这样想法的企业大错特错。这样的做法其实根本就没有销售技巧。下面我们来讲解一下如何进行微信营销。首先开口，有些微信公众号在这方面做得非常欠缺，甚至让粉丝因为你的“不良开口”而直接取消关注。

» 7.1.1 “欢迎光临”OUT 了

“欢迎光临”这 4 个字，我们经常在酒店门童、饭店服务员、服装店导购口中听到。这虽然是欢迎语，但用户着实是听腻了。而且这种欢迎的话语，比较适合面对面的开场白，而在微信公众号中，粉丝看不到你的人，完全是虚拟的对话，如果这时候你在微信公众号的开端给用户发来一句简单直白的“欢迎光临”，那么会显得企业很没有趣味，而且庸俗至极，根本无法吸引粉丝继续关注。所以“欢迎光临”OUT 至极。

那么企业到底应该如何来开场呢？下面我们来简单介绍几种适合企业微信

公众号开场的话语。

开门见山最豪爽

很多企业公众号往往在微信中给用户发来开场语时，十分含蓄，甚至还有些不好意思。这样朦胧状态的开场白，不但让用户听不明白，而且还让用户非常反感。微信平台虽然是一个公开的平台，但是企业与粉丝毕竟还是隔着互联网，说到底还是虚拟世界。在虚拟的世界，你还要让用户区揣摩你的心思，这等于让用户主动放弃。

面对这种情况，企业需要的就是开门见山。事实上，粉丝也好，用户也罢，最不喜欢企业与自己绕弯子，所以有什么说什么，在一开始就将话抛出来，让用户一目了然。这样既能吸引粉丝关注，还可以让企业更好地介绍自己。

健来福是一个养生企业，在微信公众号中，健来福对新粉丝就采取了开门见山的开端方式，健来福是这样开场的："就知道你会来关注我啦！从今天起，小福就是你的御用食疗养生顾问喽！"，如图 7-1 所示。

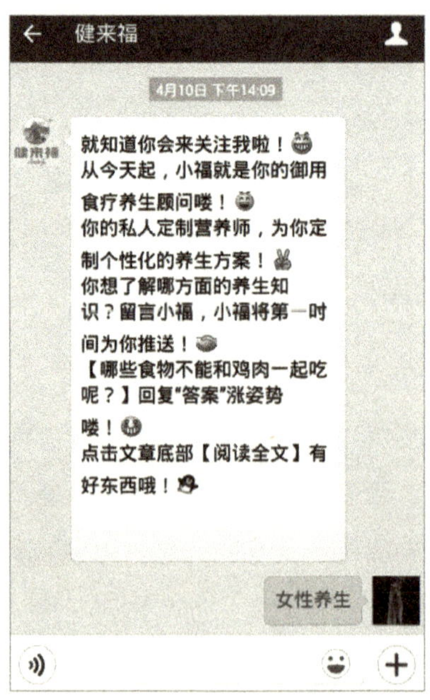

图 7-1 健来福开门见山微信开场

老朋友式开场

在虚拟的微信平台中，企业可以借助一个温暖的带有情感的开场白来拉近与粉丝的距离。而类似老朋友一样的开场则十分受粉丝欢迎，因为这样的开场不但让粉丝可以无拘束，而且还能在心理上对企业产生一种亲切感。

优集品在微信公众号中就深谙这个道理，它在开场中是这样说的：“Hi，亲爱的朋友，欢迎关注优集品官网微信。优集品小当家——小 U 已经等候您多时了！”，如图 7-2 所示。

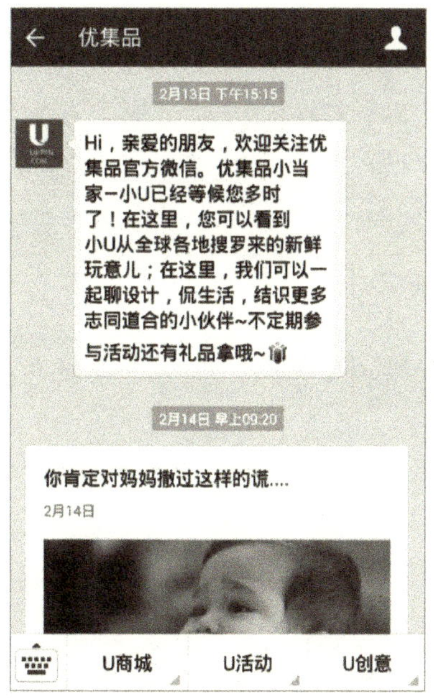

图 7-2 优集品微信老朋友式开场

简单温馨的开场，瞬间融化了粉丝的心，于是粉丝内心莫名就会对优集品产生良好印象，从而产生一种依赖感。

语音开场，惊艳粉丝

文字开场难免会有些枯燥无味，于是很多有意思的企业就使用了语音开场的方式，来吸引粉丝。事实上，这种方法很有效，当然了，这种方式不是适合

所有企业，企业在使用语音方式时，一定要幽默风趣，或者用风情性感的语音来“勾引”粉丝，或者用甜美的语音来吸引粉丝，总之那些刻板、严肃的语音不适合语音开场。所以语音开场适合于那些有趣味的年轻公司。

幽默搞怪开场

在当下发展快速的互联网时代中，人们的精神非常紧张，压力大，节奏快，于是人们对一些幽默搞怪的段子、文章颇为感兴趣。而这种幽默搞怪的方式也可以运用在微信公众号的开场白中，这样当你奇葩的搞怪模式一开口，就能够吸引更多人的关注。

布丁酒店是一个新型的时尚连锁酒店，在微信公众号的开场中，布丁酒店就借助了奇葩搞怪的方式来吸引粉丝。“吖，终于找到会说话的阿布啦，么么哒~”这种类似“调戏”的口吻和奇葩的开场，让很多粉丝受用，因为这样的开场不单调，不严肃，非常有意思，如图 7-3 所示。

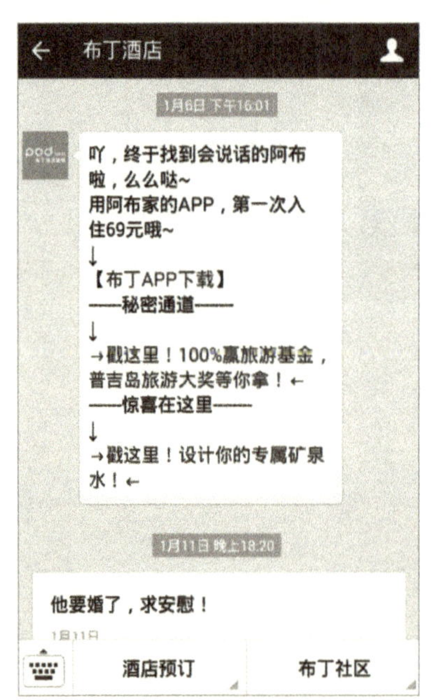

图 7-3 布丁酒店奇葩搞怪开场

当然，除了这几种开场方式之外，企业还可以按照自己的优势和粉丝的属性具体情况具体操作，只有这样，才能真正做出符合粉丝需求的开场白。

» 7.1.2 “问好”是一门技术活

开场白有了，接下来就是问好了。很多企业总是非常传统保守，“你好”二字不离口，而且很多话语显得太过官方，让人觉得没趣味。

事实上“问好”是一门技术活，企业不能小看，这关系到粉丝是否可以留在你的平台上，关系到用户对你的第一印象如何，关系到粉丝是不是对企业感兴趣……

不要过多运用敬语

在微信公众号的销售中，企业一定不能过于死板、刻板，在与粉丝问好时，不要过多地使用敬语。敬语一出口，可能会让粉丝感觉企业有些保守、传统，在内心就会对企业有一个潜意识的定性，这样不利于企业的后续推广。

其次，过多使用敬语，会“吓跑”粉丝。敬语一般情况下是运用在现实的人际交往中，而且多数是晚辈对长辈使用。因此，企业对粉丝的敬语，让粉丝感觉到无奈，无奈之余便没有共同话语，粉丝便没有心情继续了解企业。

所以企业需要在问好时，俏皮一些，显得可爱大方。格林豪泰酒店在这方面就做得很好。在一上来的问好环节中，格林豪泰没有过多使用敬语，而是运用了俏皮可爱、带点幽默感的方式问好。“客官，格格恭候多时啦，相见不恨晚，畅聊不带喘！”，如图 7-4 所示。这样俏皮的方式，让粉丝的心情一下子轻松起来，能够让粉丝增加对企业的好感，从而想要更多地了解企业。

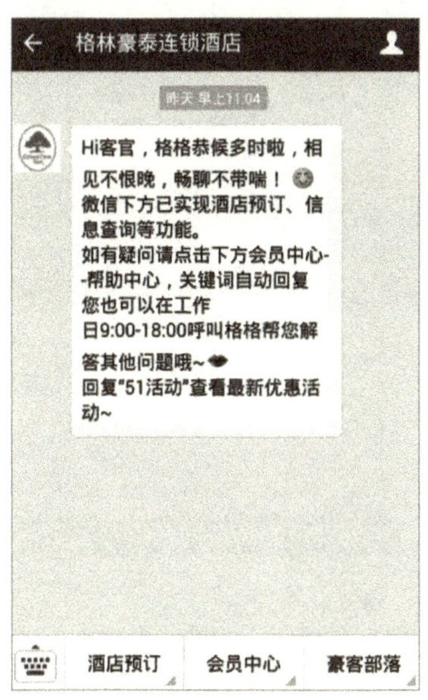

图 7-4 格林豪泰俏皮的问好

另类个性的问好惹人爱

大多数的微信公众号的问好方式，都是“你好……”或者“等候很久了……”等模式，其实换位思考一下，一个微信用户可能要关注上百个微信公众号，但如果每一个公众号都是用这样的方式向粉丝问好，那么粉丝会怎样反应？肯定是反感，认为没有新意，而且在这些大同小异的公众号中，粉丝也很难对任何一个产生深刻的印象。

因此，为了能够给粉丝有一个深刻、不一样的印象，企业需要在公众号中对粉丝的问好中加点个性和特色进去，让你的问好与众不同。

野兽派就是这样一个微信公众号，新粉丝首次关注野兽派之后，便会首先收到野兽派发来的个性化的问好：“①本微信每周会有突如其来的限时折扣，请时刻做好闪购准备。②产品款式最全的地儿是野兽派官网，建议放入收藏夹。③野兽派目前没有任何淘宝店铺。与我一起，追求美而有趣的生活。”，如图 7-5 所示。

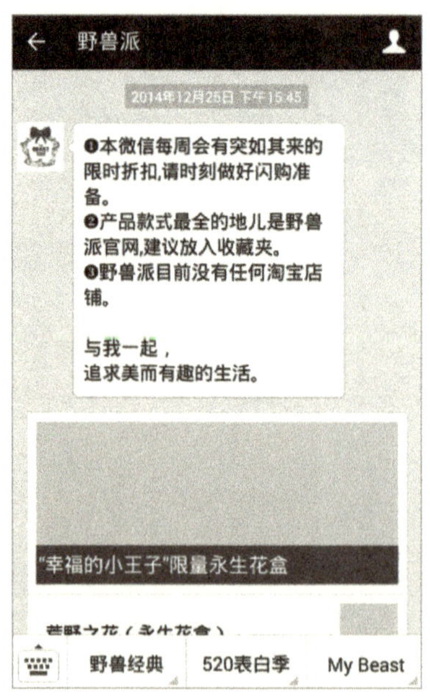

图 7-5 野兽派个性化的问好

这个问好，没有庸俗的唏嘘，没有俗套的“你好”，没有玩笑，没有幽默，却是那么个性十足，让人感觉野兽派有一种浑然天成的高冷范儿。人们对这样的“冷美人”企业公众号，自然都非常感兴趣。

所以，企业在微信公众号中的问好一定要显得特别一些，只有与众不同，才能惹粉丝喜爱，让粉丝有新颖感。

小贴士

从开场白到问好，企业必须要重视起来，不能以为是一个问候就不需要好好规划。往往开口部分是吸引粉丝后续持续关注的重要环节。企业要达到一开口就惊艳对方的境界，才可以进行下一步的微信营销。

7.2 性格有“别”，说话也有“别”

在微信公众平台的营销中，粉丝们的性格、特点各有差别，如果企业总是以同一种方式来与粉丝交流，那么自然就不会满足所有人的意愿。面对这种情况，企业应该如何做呢？这就要做到性格有“别”，说话也要有“别”。

» 7.2.1 让沉默型用户不再沉默

微信是一个社交化的营销平台，因此针对不同性格的人，一定要用不同的语气和口吻来说话，企业首先面对的是沉默型用户。

什么是沉默型的用户？就是那些关注了你，但却从不主动咨询或者点击菜单的人。很多人称这类粉丝为“僵尸粉”。那么如何让这部分人变得不沉默呢？

首先企业面对这类粉丝时，不能与粉丝一起沉默。如果你也沉默，那么最后粉丝就只能默默取消对你的关注。所以，企业必须要让自己先活泼起来。

面对这种类型的粉丝，企业要运用一些话语或者活动来调动对方积极参与的热情，让这类用户“动”起来。

比如在微信中为粉丝送一些福利，当然，送这些福利时，需要粉丝首先回复一些信息，或者参与调查或者测试，这种才能获得福利。这种用福利来吸引粉丝“动”起来的方式非常有效。没有人不喜欢“天上掉下的馅饼”，所以在这种实物福利的基础上，粉丝一定会参与其中。

欧莱雅美丽殿堂是欧莱雅化妆品的一个公众号，为了能够在这个平台中调动粉丝的积极性，避免沉默型用户的存在，欧莱雅美丽殿堂经常给粉丝推送一些积极的抽奖、福利等活动，激发粉丝的参与热情。

2015 年 3 月 12 日，“白色情人节”前夕，欧莱雅美丽殿堂给粉丝推出了这样一个活动：欧莱雅“情”你看电影，白色情人节走一个吧！如图 7-6 所示。

图 7-6 欧莱雅美丽殿堂“情”你看电影的福利活动

这是欧莱雅专门为那些沉默的粉丝推出的一个活动。该活动没有任何的条条框框，形式非常简单。用户可以前往线下欧莱雅的专柜，活动时间内在微信公众号中回复“看电影”或者凭当日购物的小票等信息，就可以在第二天获得欧莱雅的眷顾。欧莱雅这次举办的“请看电影”的活动幅度很大，每天抽取 500 名，每名用户将获得 2 张电影券。

该活动也吸引了沉默粉丝的参与，平时沉默不语的粉丝，在这时候却因为甜蜜的情人节氛围而放松心情，参与活动还有机会获得电影券，何乐而不为，于是不管是沉默型的粉丝还是活泼型的粉丝，都在这个活动期间热情参与，将欧莱雅的微信公众号气氛推到了高潮，让更多人对欧莱雅产生了好感。

当然，企业不一定全都模仿欧莱雅给粉丝推送抽取电影票的方式，企业需要根据自己的特点和产品性能推出一些符合企业发展和粉丝需求的活动。但是值得一提的是，这些活动必须要有料，有福利，这样才能真正吸引“沉默”用户参与。

» 7.2.2 让多疑型用户不再多疑

有些用户往往十分多疑，内心对企业有很多疑问存在，比如对企业的产品不放心，对企业的服务不放心等。但其实这些不放心和多疑都是因为用户对企业的产品和服务不了解，没有全面详细知悉造成的。因此，面对这类多疑的用户，企业最需要做的就是要全方面呈现自己的产品，用户问的时候，企业要回答得详细一些。这样才能打消用户的疑问。

产品或服务信息发送详细

首先面对多疑的用户，企业必须要在微信公众号中将自己的产品或者服务介绍详细，只有这样才能让粉丝对企业有所信赖。在介绍产品时，企业需要多一些文字介绍，尽可能全方位地展示清楚，必要时候拍照片发视频以打消用户疑虑。

vivo 智能手机在微信公众号中就将自己的产品分类呈现，用户想要查看哪系列产品，就可以点击“产品”菜单，来选择自己想要了解的手机类型。每一款类型的手机下面，都详细地介绍了该手机的特点、性能、功能，让用户 360° 观察产品，百分之百地放心。而且在这个过程中，每款产品的介绍，都有非常高清的图片，甚至视频，以便让让用户对企业的产品做到一百个放心，如图 7-7、图 7-8 所示。

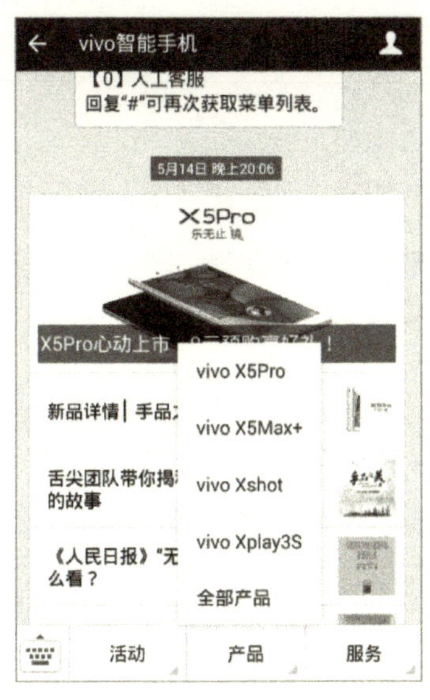

图 7-7 vivo 手机“产品”介绍

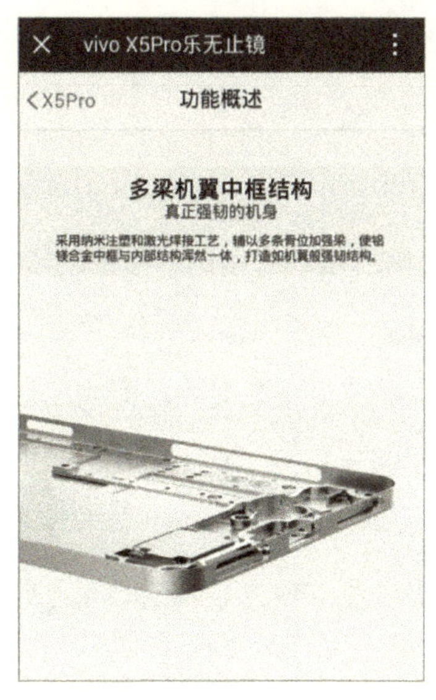

图 7-8 vivo 产品详细呈现

能做到这种程度的产品展示，即便那些对企业产品不放心的用户，也会很放心，不再会对产品和服务有所担忧。

多一点耐心与粉丝沟通

很多有疑虑的用户之所以会多疑，大多数是因为企业没能给用户解释清楚或者让粉丝详细了解。这类的企业往往在面对粉丝疑问时，敷衍应付，或者态度不好，或者爱答不理，在这种情况下，用户怎么能够很好地了解企业呢？因此企业面对这类疑问型用户，想要取消用户的疑问，就一定要多一点耐心与粉丝沟通。

在沟通互动中，让粉丝对你信任其实不难。只要你态度好点，耐心多一点，说得详细一点，就一定能够打消对方的疑虑。

vivo 智能手机在微信公众号中有一个“人工客服”环节。在这里，用户有什么问题，都可以咨询。而且 vivo 的客服态度非常好，有耐心，如果遇到多疑的用户，还会反反复复地讲解，从没有表现出烦躁的态度。经过详细的回答和解释之后，多疑的用户就能够对企业树立信心，从而打消自己的疑虑。

设立评价点评环节

为了取消用户的多疑症，企业有必要在微信公众号营销中，做到更加透明、公开，方法就是设立评价、点评环节，让粉丝大胆地说出企业的不足、欠缺地方。用户在这个环节中也会将自己有疑虑，不理解的地方说出来，这样就能让企业明白粉丝在哪里有疑问，从而才能更好地对症下药。

福特北京中汽福瑞 4S 店的微信公众号中，在“服务”菜单中有一个“评价我们”的菜单，如图 7-9 所示，用户可以在这里对企业的不足做出点评，也可以给出自己的意见，发表自己的疑虑。如此一来，企业才能更好地去解决用户的疑虑。

图 7-9 福特北京中汽福瑞 4S 店“点评我们”

» 7.2.3 让挑刺型用户不再挑刺

除了有疑虑的用户难以对付之外，还有一种爱挑刺的用户也非常让企业头痛。什么是爱挑刺的用户呢？打个比方，在微信公众号中，有这样一位粉丝，对企业推出的群消息不但持有怀疑态度，而且觉得企业发送的信息不够详细，或者不符合自己的意愿。这样的情况往往发生在一些新粉丝身上。

这些粉丝总是喜欢在鸡蛋里挑骨头，喜欢“没事找事”。面对这样的用户，企业如何在微信公众号中应对，如何让这些爱挑刺的用户不再挑刺？

先聊天搞好关系

面对挑刺的用户，企业不能在微信公众号中，急于销售自己的产品，因为如果此时你上来就销售产品，那么就正好将炮筒对准客户，让客户对你挑刺。此时的你，最好要先与对方聊天，夸夸对方，寻求对方喜欢的话题，然后聊聊对方喜欢的话题，搞好关系。

只有关系搞好了，才能进行其他的销售话题。而且当你与对方搞好关系时，也能在无形之中让客户对你失去反感，不再挑刺。

下面这个公众号，就做得非常好。有一位粉丝在微信公众号中非常挑刺，但是企业却并没有一开始就介绍产品，而是耐心地与这位粉丝聊天，从中发觉这位粉丝喜欢怀旧电影，于是就针对这个话题，与用户聊起来。双方聊得非常尽兴，不知不觉，从言语中可以看出这位用户已经改变了对企业挑刺的态度，而且对企业也越来越感兴趣，还特别期待与企业的再次沟通，希望看到企业的更多产品，如图 7-10、图 7-11 所示。

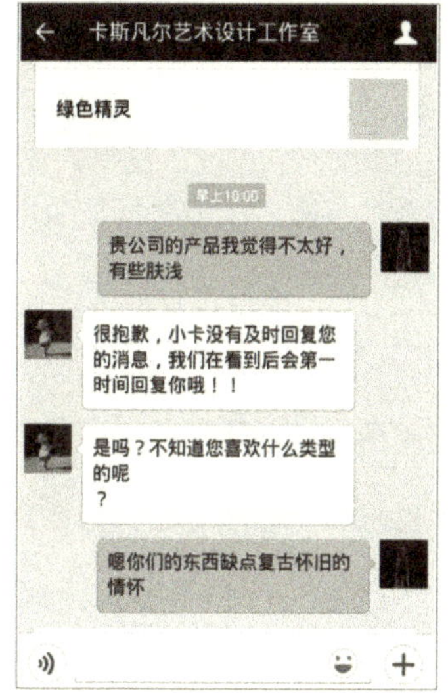

图 7-10 企业与用户聊天拉近关系

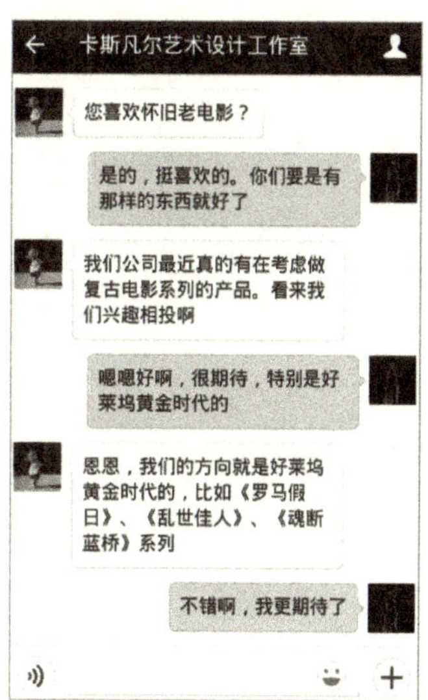

图 7-11 企业在微信中与粉丝拉近关系

有了这样的基础和关系之后，企业再进行下一步的销售和产品推广，就容易多了，而且用户也不会那么挑刺了。

因此，企业在微信公众号中要充分利用社交关系来与粉丝搞好关系，让挑刺的用户不再挑刺。

做好服务，让用户说不出“不”字

有了与粉丝的良好沟通关系之后，很多粉丝可能还会有些挑刺，比如对产品，对服务。那么企业这时候就应该避重就轻，比如对方说产品不好的地方时，那么你就要将话题转移到产品优势的地方。

事实上，粉丝也明白一点，再好的东西也有它缺憾的地方，因此你放大自己产品的优点，这样就能很好地将缺点掩盖，让用户对你的产品有好的印象。

其次，企业还应该在这个过程中，做好服务。比如人工客服，语气态度要温和亲切，不要刻板严肃。然后为用户做好服务，达到用户满意。只要你把服务做好了，爱挑刺的用户也就没有挑刺的理由了。

» 7.2.4 让拒绝型用户不再拒绝

很多时候，在微信公众号的营销过程中，会遇到很多拒绝你的用户，比如对你的产品不信任，因此拒绝产品；对你的服务不满意，因此拒绝服务。如果你的微信粉丝很多都是这类的人，那么微信营销的意义也就不复存在，因此，面对拒绝类型的客户，企业要做到让对方不再拒绝。

打造企业魅力

在微信中与用户打交道的时候，用户获得第一印象的其实不是产品，而是企业的形象。如果是一个新开的微信公众号，那么由于经验不足，很可能在与粉丝交流或者群发消息中会先突出自己的产品，这样就很容易引发用户的反感，甚至会对你说“不”。

因此，企业需要首先打造企业的魅力和影响力，首先要给用户留下一个好的印象。在销售人员的培训过程中，总会听到这样一句话：“做事先做人”。没错，如果你这个人不够诚信可靠，那么别人也就无法相信你。企业也是一样，在微信公众号中，企业必须首先要给用户树立一个诚实、可靠、值得信赖的企业形象，将企业的魅力发挥出来。通过企业的行为彰显出自身的魅力，从而让用户信服。

立顿茶是一个知名的茶品牌，在微信公众号的营销中，立顿茶首先没有给用户过多地推送信息，而是在导航中加入了“立顿小档案”的环节，用户可以点击这个内容，观看立顿的发展史、取得的成就和用户的评价，如图 7-12 所示。

图 7-12 立顿小档案

有了这个档案和发展史，粉丝对立顿茶立刻就有了一个“高大上”的概念，那么对企业的产品、服务也就没什么疑问，从而会信任企业。

用成功案例或者专家来引发关注

很多刚建立公众号的企业，之所以不能让用户信服，最主要的一个原因在于企业没有给用户一个可以肯定、有说服力的案例。事实上，粉丝最关心的就是企业的产品和服务实力。如果没有这一点，一切都是白搭。

所以，企业需要在微信营销时，用成功的案例或者请一些专家来引发用户的关注，让用户对企业无法说“不”。

知名化妆品理肤泉在这一方面做得非常到位。理肤泉在微信公众号中有一个“特应性皮炎资讯”的皮肤专家专门为敏感性肌肤用户提供护肤品选择的帮助。

打开这个窗口之后，用户可以咨询关于肌肤的问题，比如我们询问“皮肤痒适合理肤泉吗？”皮肤学专家就会推送理肤泉的特安系列护肤品，针对敏感肌肤的帮助和一些医学理念。而且皮肤学专家肯定的态度和专业的知识，也让我们无法不信服，如图 7-13 所示。

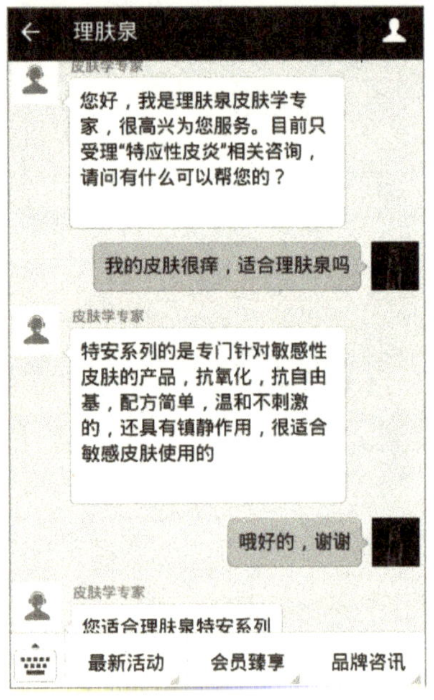

图 7-13 理肤泉皮肤学专家给粉丝信服力

有成功案例或者专家坐镇，那么你在微信公众号的产品销售过程中可以让那些拒绝你的用户无法拒绝。

» 7.2.5 让讨价型用户不再讨价

企业在微信公众号中销售产品时，往往有很多用户会讨价还价。比如你的定价明明是 100 元，这类用户非要跟你讨个便宜价钱。纵然你如何说，都无法让这类用户不讨价还价。因此这对企业来说很头疼，如果放弃这个客户，可能就等于放弃了他背后的潜在客户，如果不放弃这个客户，那么客户就讨价还价没完没了，也会让自己的利润减少。

因此，如何让讨价型的用户不再讨价是一个非常关键的问题。

察言观色，审时度势

在微信公众号中，虽然企业与粉丝之间无法直接面对面，但可以一对一沟通，在沟通过程中，如果遇到粉丝讨价还价，那么企业要学会“察言观色”，审时度势。首先想要有效规避用户的讨价还价，巧妙报价是关键。比如我们在报价时，可以单独向用户报出平均时间单位内相应的价格。

比如一个卖首饰的微店，在微信中与粉丝一对一沟通某款首饰时，你报出了这个首饰 200 元的价格。很多粉丝可能会嫌价格太高，这时候，你需要跟对方好好解释这个首饰的做工、材质。在这个过程中，始终要“观察”对方的回应，如果对方没有及时回应，说明对方在思考你的介绍，如果对方快速做出讨价的反应，那么你可以慢慢地将产品的优势、材质好、做工细等方面突出。将这些内容突出之后，你再“观察”对方的反应，这时候，按照正常心态来讲，对方应该不会再有太大的讨价心理了。而这时候，你再继续与粉丝沟通，比如在这个价格的基础上，可以为粉丝打个小折扣或者可以送个小礼物等。这样一来，就基本上能够从内心打动用户，让用户不再讨价还价，而且还能欣然地接受这个产品的价格，从而购买产品。

巧问妙答，灵活周旋

通常情况下，用户讨价的主要目的有两个：第一，他对产品有好感，还价想要为了更便宜购买；第二，可买可不买，想要探探虚实，为以后做准备。针对这两种情况，企业首先做的就是“察言观色”，快速做出判断，确定用户讨价还价的目的。

确定目的之后，接下来就需要灵活应对。巧问妙答，就是其中一个灵活应对策略。企业可以在不亏本、不失市场、不丢客户的原则上灵活掌握局面，对粉丝的讨价还价给出一个巧妙的回答。

当然，企业还应该特别注重一点，如果你的价格一旦敲定，那么就需要马上将用户套牢，不能给用户反悔和变卦的机会。

小贴士

在微信公众号营销中，企业面对的粉丝形色各异，不止有上述 5 种不同性格的粉丝，可能还会遇到更多样化的用户。但无论是哪种难以应对的用户，企业都不能用强硬的态度对待。用户大多“吃软不吃硬”，如果企业态度不好，那么用户可能都不会给企业留有挽留的余而直接取消关注。

7.3 展现专业，从介绍产品入手

开启微信销售的重要一点就是产品，可以说产品是微信销售的核心，没有产品何来销售。而产品的首要表现就是展现出专业的水准。企业在微信中介绍产品时，与面对面销售不一样，面对面可以直接拿着产品，或者让用户自己接触产品从而详细了解。而在微信中，一切都是虚拟的，当然可以一对一互动沟通，但毕竟还是虚拟的平台。这就要企业在展现产品、介绍产品时，专业之中带有趣味，趣味中带有吸引力。

» 7.3.1 产品介绍有门道

产品介绍是展现专业的第一个门槛，如何将你的产品介绍给用户后，用户不仅不会反感，反而会感兴趣。很显然，以往在传统营销中的产品介绍已经不适合微信中的产品介绍。微信公众号营销是一个新型的营销工具，所以，在产品介绍时，也要有独特的方式，才能真正吸引用户。

让产品披上“萌萌哒”的外衣

在微信公众号中，介绍产品时，想要吸引人们的关注，必须要来点新意。当前人们上网越来越频繁，人们玩的东西也越来越萌系。人们在拍照时，喜欢摆萌萌哒的表情；购物时，喜欢萌萌的产品；看电影喜欢看卖萌的明星……总之，“萌萌哒”这个词语已经被人们更多地运用在生活中。

事实上，在微信公众号的产品介绍中，也可以让产品披上“萌萌哒”的外衣，以吸引粉丝目光。

联想在2015年5月28日，召开了联想Tech World大会，这是一场集创新与极致为一体的科技大会。不仅有各大互联网大咖到场，还有更多神秘的明星产品、神秘新品亮相。在大会上联想本次的Tech World的吉祥物Techbaby也亮相。

但事实上，早在2015年5月初，这个Techbaby就已经在网络上爆红，成为人们的新萌宠。而为了让Techbaby更盛名，联想在2015年5月13日，于微信公众号中特意为用户准备了这个Techbaby的科技萌宠。

在介绍这个产品时，联想没有直接用通俗的语言来表示，也没有用简单枯燥的文字来介绍，而是用这样的一个萌萌哒的标题来展示：“你见过史上最萌的科技宠么？”，如图7-14所示，然后在产品介绍中，将Techbaby的高清无水印图片呈现出来。

图7-14 联想产品介绍尽显“萌萌哒”

用户看到这个标题后，立刻就很感兴趣，而再看到那萌萌哒的图片时，更是爱不释手，快速点击浏览观看，乃至在联想网站中购买这个Techbaby科技宠。

可见，企业将产品包装得“萌萌哒”，也是非常不错的主意，能够充分引发年轻微信用户的注意和目光。

价格动人是前提

在微信公众号的产品介绍中，想要吸引

用户了解或者购买，虽然创意的方式必不可缺少，但是价格却也很重要。产品介绍是一个产品的门面问题，如果不能及时给用户送上价格方面的信息，那么用户可能对产品始终“悬”着心。

因此，产品介绍中，价格动人一定是吸引粉丝的前提。野兽派是一个创新个性、时尚高端的花店。在微信公众号的产品介绍中，不但会选择用一些富有情调的话语和标题引导出产品介绍，而且还会将心动明码价格标注在产品介绍标题中。

如“桉树大药瓶香氛蜡烛 330 元”“秘密花园美人套装 390 元”等，如图 7-15 所示，有了明确的价格之后，忠实的用户才会仔细阅读产品，进而购买，不会给用户造成心理落差。

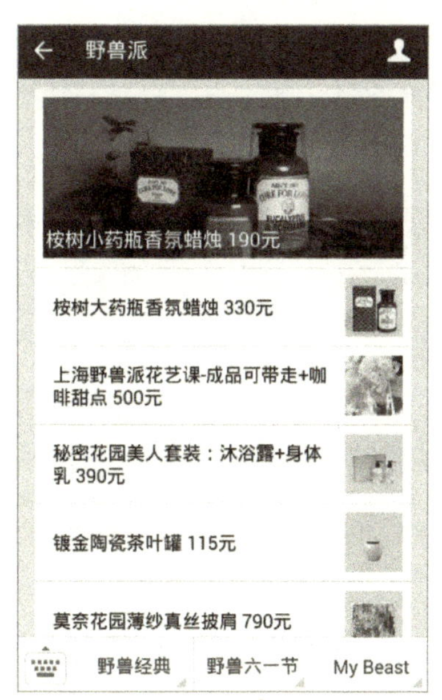

图 7-15 野兽派产品介绍突出价格

标题中要图文并茂

在产品介绍时，企业可以通过群发消息的方式向用户介绍，在后台，企业选择编辑信息来群发消息，一条消息可以编辑多个小消息。而每一个产品介绍中，企业可以选择图文消息，给产品介绍取一个好听的标题是必要的，其次，在标题中加入图文信息，让用户打开企业微信公众号，收到的产品介绍标题中，就有产品图片，这样能够让粉丝第一时间对产品有一个良好详细的印象。

还是以上述的野兽派为例，在野兽派每一次推送的产品介绍中，都有图文展示，让用户可以通过简练的标题和价格了解产品。这样就能给用户带去一个产品的轮廓印象，有需要的用户自然就会点击产品并进行购买。

» 7.3.2 产品展示有技巧

产品展示是微信营销展现专业的一大突出环节。如何让你的产品展示更到位，让用户不但一目了然，第一眼看到，而且还能够因为你的产品展示技巧而对产品感兴趣，从而产生购买的欲望。

有人认为，产品展示就需要非常传统的展示方式，产品图片，产品价格。这样不但节省空间，而且简单明了。但企业千万别忘记，微信营销不是传统意义上的营销，微信具有社交性、趣味性，相当于企业的一个微网页，也相当于粉丝的兴趣地，所以产品展示需要有技巧，才能够让用户喜欢。

产品展示中体现实用价值

不要以为在微信营销中，展示产品只是摆放一个产品图片、标注价格就可以了，事实上产品展示中还要有趣味性，用户需要的东西，才能真正打动用户。因此在产品展示中体现出它的实用价值。

粉丝之所以会关注一件产品，不只是因为这个产品在外表上吸引他，更多的是粉丝在这个产品中看到自己想要得到的用途，看到了这个产品的实用价值。

茵曼是一家原创女装品牌，在微信公众号的营销中，不但开设了微商城、微店，而且还通过微信公众号来群发消息激发用户来购买产品。而茵曼的微信产品展示就非常有技巧，茵曼从不简单地摆放上一个产品，而是在产品展示中加入一些实用价值，让用户非常受用。

炎炎夏日刚开始，人们对于服装的需求是什么？是舒服、凉爽和时尚。于是茵曼抓住了用户的这个需求心理，在微信公众号中展示产品时，充分展现出了产品的实用性和时尚性。2015 年 5 月 25 日，茵曼在微信中推出了这样一件产品：百变白 T 恤，轻松搭出 6 种时髦风格，如图 7-16 所示。

图 7-16 茵曼产品展示中加入实用时尚特性

这是茵曼新推出的一款白色 T 恤衫，但是在展示这款产品时，茵曼没有直接上图，也没有简单介绍，而是将这款白色 T 恤的 6 种时尚搭配方案展示出来。这样一来，用户对这款白色 T 恤衫就有了更大的兴趣。不但会点击浏览，而且在浏览之后，还会产生购买欲求。

创意展示，吸引用户

除了展示产品时，加入一些时尚实用元素之外，企业还应该积极创新，用新意和个性化的方式来展示产品，以吸引用户。

这要求企业在产品中加入大胆想象，甚至在展示产品时，加入故事、情感元素，用讲故事或者卡通漫画的方式来展示。

野兽派花店比较擅长创意的产品展示，2015 年 5 月 15 日，野兽派在微信中推出了一系列新的法国手工胸针。在展示这个系列产品时，野兽派运用的展示方式非常个性，其中的创意满满，情感 + 个性 + 创意，赚足了人们的眼球。

首先，在产品标题中是这样的：会说话的法国手工胸针，戴在胸前的童话。

其次，在产品展示中，更是加入了卡通、动漫的方式，而且将每个动漫都演绎成了一个简单的情感故事。用户在阅读时，会倍感温暖，而且在这个过程中，会对这系列胸针产生浓浓的兴趣和好感，如图 7-17 所示。

图 7-17 野兽派产品加入童话故事

很显然，有创意的产品展示和个性化的技巧，能够在视觉上、心理上对用户产生激发作用，让用户对产品有一个深刻的印象。

» 7.3.3 产品特性要突出

如何让你的产品吸引微信粉关注，答案肯定不是普通的产品。比如同一件产品，你的微店里卖，别人的微店里也卖，那么用户怎么会单单对你的产品感兴趣呢？所以，想要产品吸引粉丝，必须要突出你的产品特色。

打个比方，前面有一长串人在排队等候，远处望去，哪个人能够让你有深刻印象，或者说，哪个人促使你去关注呢？答案肯定是显眼的那一个，比如戴一顶大红帽子的人，或者穿一身柠檬黄连体衣的人。而这些恰恰就是他们有异于其他人的特性。

微信营销也是一样的道理，在展示产品时，一定要突出特性。

标题中彰显产品特性

如何彰显产品的特色呢？最能吸引人的方式就是在产品标题中彰显特色，这样能够让粉丝第一眼就看到。相反，如果你在内容中加入一些特色，而在标题中却丝毫没有体现出特性之处，那么用户很可能会因此而忽视你的产品，这样一来，你的特色展示就毫无意义。

因此在标题中彰显产品特性是最好的打动用户、留住用户的方式。

优衣库深谙这个道理，在微信公众号的产品推广中，就善于在标题中彰显特性。比如 2015 年 5 月下旬，炎炎夏日来临，优衣库研发了一款全新的可以穿在身上的带“风”衣服。于是在标题中这样展现：“肌肤之上，如沐清风”，如图 7-18 所示。这是一款优衣库最新研发的 ALRism 舒爽内衣，优衣库通过尖端的科技让衣服可以自带出风，就像魔法一样让用户随身携带风，这件新产品能够满足用户对夏天、海风的所有幻想。

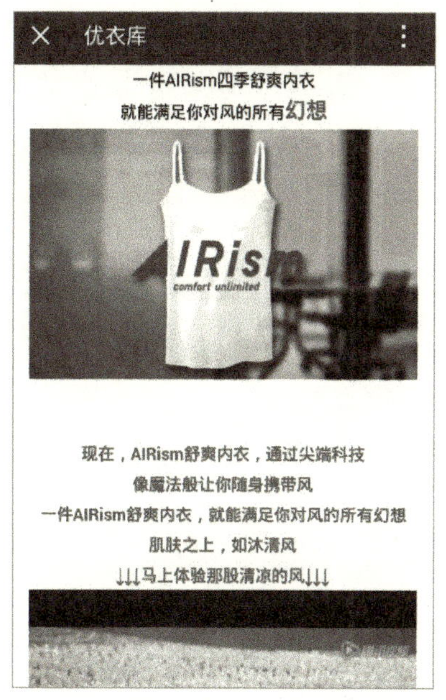

图 7-18 优衣库 ALRism 舒爽带风特色内衣

通过这个标题，优衣库彰显了这款衣服的特色，所以才会在短时间内吸引了接近 5 万人点击阅读浏览这款产品，其中有一大部分人顺势购买。

将高端范儿搬到产品上

什么是产品的特色？可以有两种理解，一种是产品本身自带的特色或者优势；另一种是企业冠加在产品身上的与众不同。

如果你的产品没有内在的特色，那么就要依靠第二种方式来彰显产品的特色。具体的方式可以学习一下下面这个服装企业。

Tanni 是一个女装品牌，在微信公众号的开设中属于比较晚的一个，但是在微信营销中却并不稚嫩，反而非常有想法，赢得了一大批粉丝的关注。

作为服装产品，其实除了像优衣库那样用特殊的材料和科技，让衣服自带风之外，其他的衣服大都类似，所以很难有特色可言。但是 Tanni 这个品牌却非常聪明，在微信中运用了第二种产品特色的方式，将高端范儿冠加在产品身上，彰显了 Tanni 服装的特色。

如 2015 年 5 月 15 日，Tanni 在微信中推出了夏季新款裙子，但是为了彰显这款裙子的特色，于是 Tanni 这样安排了产品呈现：Tanni 教你穿出 normcore，如图 7-19 所示。

图 7-19 Tanni 彰显 normcore 特色

何为 normcore？其实熟悉时尚界的人都知道这是 2014 年和 2015 年最新的一个高端词语，主要是来形容一个日益 Hot 的新潮流，Normcore 由“Normal”

和“Hardcore”组成，望文生义，那么它的理解就是：看起来很平常，实际上却很厉害的专家范儿。

Tanni 的这个“冠名”方式，不但突出了产品的高端范儿，还让 Tanni 的产品蒙上了一层神秘、时尚的高端特色，吸引了很多热爱时尚女孩的关注。

» 7.3.4 说明产品的特殊利益

什么是产品的特殊利益？其实这里说的特殊利益是指对用户而言，有特殊的好处，这也是产品的卖点，同时也是突出产品的一大方法和技巧。

所以，企业在微信公众号展示产品时，一定要突出说明产品的特殊利益，引起粉丝关注，同时加强粉丝的注意力。产品的特殊利益在于什么地方呢？需要企业在了解和观察粉丝属性的基础上，通过数据分析来了解用户的喜好、心理等特点，从而才能在产品中真正说明产品对粉丝的特殊利益。

费列罗巧克力是意大利知名的巧克力品牌，这样一个全球盛名的巧克力品牌在中国依然选择了最新颖的营销方式——微信营销。

在微信公众号的营销中，费列罗并不常发送消息，但是每次发送时，却总是能够抓住粉丝的心理，在产品的呈现中，给用户指出产品的特殊利益。

如2015年母亲节期间，费列罗在产品中就用了这样的方式来呈现产品：“母亲节花漾礼物 | 费列罗金色花束 4 步轻松完成。”，如图 7-20 所示。

费列罗为用户呈现出了购买费列罗产品的特殊利益：可以做母亲节的花束礼物。在这个信息中，费列罗向用户传授了做这个金色花束的步骤和过程，让用户在动手过程中对费列罗巧克力有了更深的好感，同时，还能体会到为母亲亲自制作礼物的心情。

此外，费列罗还将产品的特殊利益放在了婚礼中。在微信公众号中，费列罗为用户推出“婚礼进行曲，举办一场金色喜宴”的消息，如图 7-21 所示。用户在这个消息中，可以了解如何利用费列罗将婚礼打造成浪漫的金色喜宴的过程。通过打造一个特殊的婚礼，加深用户对费列罗的认识，让用户对产品更充满向往。

图 7-20 费列罗母亲节金色花束

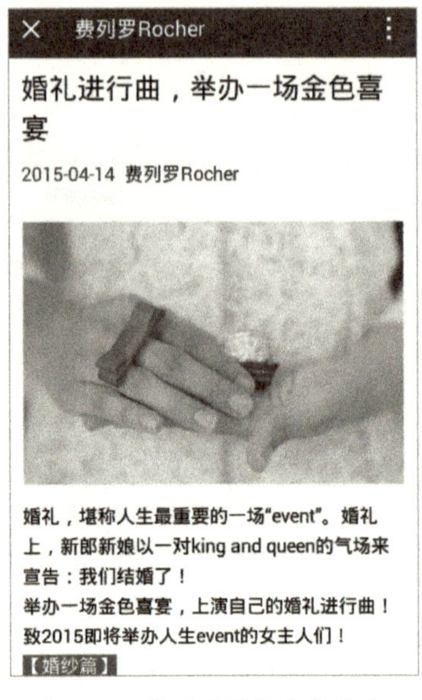

图 7-21 费列罗婚礼金色喜宴

这就是费列罗在呈现产品时，表达出的特殊利益。也正是因为这些特殊的优势，让用户对费列罗巧克力产生了好感，同时也促进了母亲节期间的销售。

» 7.3.5 不过多泄露产品秘密

白居易在《琵琶行》中有这样一句来形容女子的美“千呼万唤始出来，犹抱琵琶半遮面”。如果这个女子一开始就没有悬念，那么也不会自始至终引起白居易的注意，也就没有这篇美丽的《琵琶行》。在微信营销中也是如此，尤其是展示产品时，虽然需要将产品的特点、信息介绍给用户，但是却又不能完完全全“泄露”出去，如果产品全都开放透明，那么对用户也就没有什么吸引力了。而如果留下悬念或者秘密，才能激发用户的兴趣。

宝马汽车在这方面就做得很好。宝马汽车是德系高档车中的经典品牌，也被很多人奉为梦想中的汽车。但是宝马汽车在营销方面却非常有技巧。

比如在推出一款新车时，总是会先利用微信公众号来将产品“宣扬”出去。但是宝马汽车在这个过程中却有一个技巧：只用微信公众号来“宣扬”新款汽车产品的外在酷炫和一些简单的介绍，而对于那些内在性能和照片并没有太多呈现。

用户在宝马微信公众号中看到宝马展示的新款汽车产品，被酷炫的外形和形象的图片打动，从而对宝马汽车有了更好的印象。而由于宝马汽车并没有在微信中呈现出内部的“机密”，所以，这类用户就会主动咨询或者前往实体店进行详细了解，这样就大大地促进了粉丝求知和猎奇的心态，促使用户对宝马有更深的印象和好感。

2015 年 5 月 25 日，宝马汽车在微信公众号宝马中国中对新款宝马 X1M 汽车运动限量版进行了展示。

这是一款外形看上去既商务，又彰显运动的高端产品。在展示中，宝马为用户展示出了这款汽车追求个性、乐于尝试的时尚理念，并用大量高清酷感图片来彰显汽车特色的方式吸引了粉丝对这款车的关注，如图 7-22 所示。

图 7-22 宝马汽车新产品展现

但是在这款车的产品呈现中，却没有对粉丝泄露更多关于这款汽车内在性能的信息，这就给粉丝一个有悬念意味的留白。如果粉丝想要更多了解这款汽车，那么就会主动去了解，或者预约驾驶或者直接购买。

因此，企业在微信公众号营销中，产品呈现时，一定不能过多地泄露产品的“秘密”，要给用户留有思考和想象的余地，用户在这个过程中自然就会对产品念念不忘，还会主动地寻找产品更多的信息。

» 7.3.6 拒绝专业用语

在微信营销中，粉丝最不喜欢光顾的微信公众号有两种，第一种是对粉丝爱答不理，态度极差的企业；第二种就是时时刻刻将专业词语挂在嘴边，刻意向粉丝炫耀自己专业的企业，而后者则更加让人厌烦。

粉丝如果想要了解你的产品，只需要去看说明介绍或者产品数据即可，而不是要从微信公众号的平台中得到一些枯燥抽象的无聊的专业用语。用户既然在微信公众号中找到你，就说明粉丝想要知道更多除了专业用语之外的其他信息，比如产品的其他用途、特殊性能、娱乐功能、体验结果等。

所以，企业在微信公众号中与粉丝沟通、互动时，或者介绍产品、展示产品时，一定不能过多地使用专业用语，尤其是与粉丝就产品问题沟通时，更要拒绝专业用语。

企业可以采取比较通俗的沟通方式来与粉丝聊产品，比如可以用像与老朋友聊家常那样的方式与用户沟通。

好药师在微信商城中展示药品时，就注意避免运用过多的专业词语，在介绍每款产品时，大都使用一些通俗易懂的语言给用户展示产品的功能。例如在一款阿胶的产品介绍中，好药师运用图文并茂的通俗易懂的方式来简单介绍了这款阿胶的作用和功效。如养血补血、提高免疫力、强筋健骨等各种好处，如图 7-23 所示。

这些解释不但通俗易懂，而且还能让粉丝更直接看到产品的优势，增加了粉丝购买的欲望。

吉野家在这方面的做法很有特色，2015 年 5 月 27 日，吉野家在微信中推出全新产品芝麻汤圆红豆汤，在介绍这款产品时，吉野家运用了与闺蜜一起喝下午茶的心情来介绍这款产品。并且在介绍产品食材时用通俗的词语来代替了食材专业词汇，从而让用户对这款产品产生浓厚的兴趣，如图 7-24 所示。

图 7-23 好药师阿胶介绍

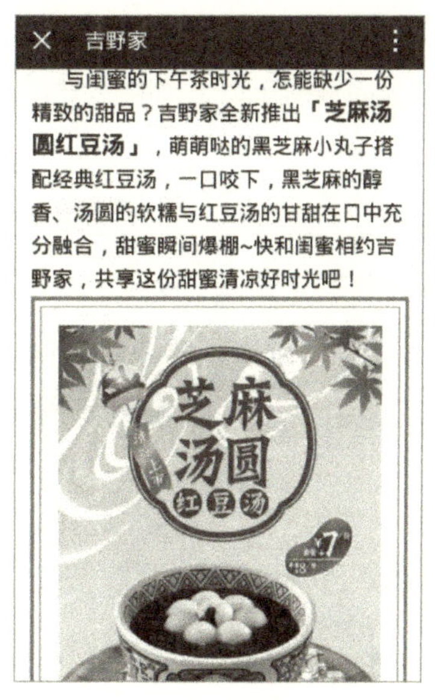

图 7-24 吉野家新品介绍

在微信公众号的营销中，只有拒绝专业词语，才能赢得粉丝热切关注，让粉丝对企业的产品有依赖性。

» 7.3.7 耐心解释专业问题

在营销中，用户难免会对产品有不了解的地方，尤其是涉及一些比较专业的问题，这时候企业应当如何应对呢？是对这些麻烦的用户置之不理呢，还是给他们耐心解释？要想做大微信公众营销，必须要选择后者，耐心解释专业问题。

专业的问题，需要专业的解答。因此，当用户有疑问时，企业一定要在第一时间给用户送上专业的解释。

首先企业可以在微信公众号中推出自助服务，为用户的所有关于专业的问题进行详细的解答。

例如在唯品会特卖会的微信公众号中，就有一个“自助服务”板块，进入“自助服务”会看到唯品会为用户提供了订单问题、购物问题、其他问题、人工服务等专业问题的解释，而在“自助服务”的详细列表中，则有物流查询、催促配送、补寄发票、自助退货等各种专业的服务。

如果用户在这些环节中还不能解决问题，那么粉丝可以点击“人工服务”来进一步详细了解更多专业问题。唯品会的客服人员会非常耐心地为用户进行解答，帮助用户解决更多的专业问题，如图 7-25 所示。

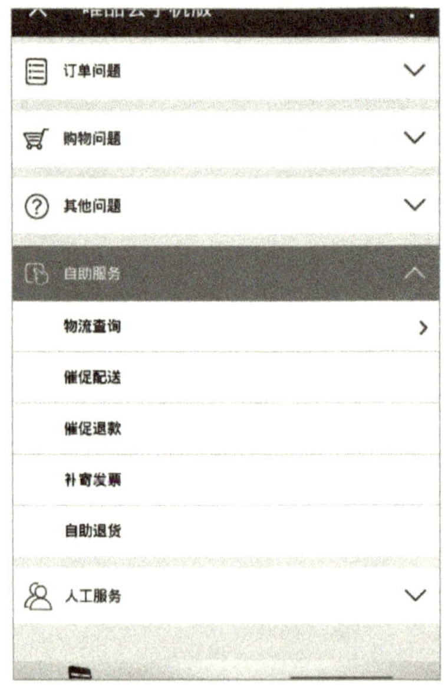

图 7-25 唯品会微信自助专业服务

此外，企业在面对粉丝提出的专业问题时，一定不能因为自己懂，而故意对粉丝态度不好，或者讲解不够耐心。企业必须要站在用户的角度思考问题，才能更耐心地做出专业的解释。

太平洋保险 e 服务在微信公众号中就为用户提供了专业的人工客服，并且针对用户提出的任何疑难问题，都有十足的耐心给用户详细讲解。用户可以随时随地发出提问，直到用户明白为止，如图 7-26 所示。正是有了这样的人工客服和耐心的态度，太平洋保险才会在微信公众号中如此受欢迎。

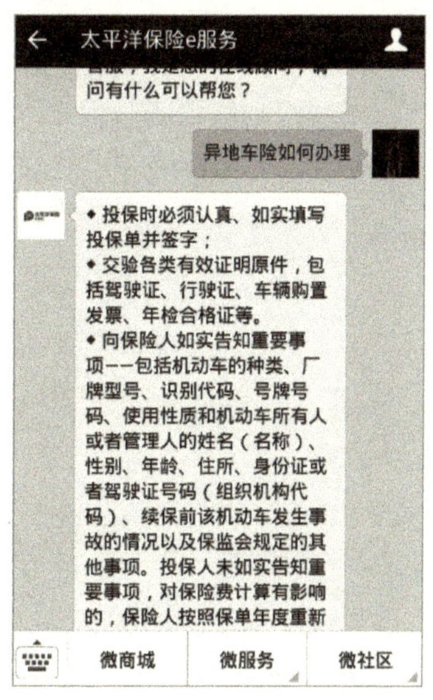

图 7-26 太平洋保险 e 服务耐心解释专业问题

小贴士

产品是微信公众号营销的根本和核心，因此在产品展示中，企业必须要展示出自己的专业操守，在这个基础上，运用各种灵活趣味的方式，把产品更加有趣味地介绍给用户，让用户对产品产生兴趣和购买欲望，这才是企业微信公众号营销的目的所在。

7.4 钓鱼要用饵，我们不是姜太公

在微信公众号中，有了粉丝，有了产品之后，接下来就需要让粉丝“上钩”，使他们对你的产品感兴趣，进而购买你的产品。要做到这一步，还需要企业在这个过程中用到“鱼饵”，只有“鱼饵”合适了，才能钓到“大鱼”。

» 7.4.1 投其所好，钓出用户的欲望

投其所好，是营销中的一大亘古不变的真理。从有商业开始的那一天，商人们就开始研究买者的心，他们希望得到什么，想要什么……而这些都是肥美的“鱼饵”。找到了“鱼饵”，投其所好，才能钓出用户的欲望。

在微信普及的状况下，每个微信用户只要关注企业微信公众号，就会收到大量的群发消息。而大多数的微信用户会大致看看，然后直接将其当作垃圾信息删掉，有些粉丝甚至因为企业过于频繁发送广告信息而一怒之下取消对企业的关注。这说明什么问题呢？说明企业的微信营销太失败了。因为这些企业只知道漫无目的地发送信息广告，不仅浪费了大量的金钱，而且也给自己的企业

带来了负面影响，造成了微信用户的反感。

以往的微信营销，的确都有这样一个问题，给粉丝发很多硬性广告信息，其实这样得不偿失。

随着微信营销的不断完善，成功的微信营销是这样的：投其所好。无论是通过微信公众平台的后台来了解粉丝的属性、分布等数据还是通过给用户做测试、问卷调查等方式，这些都让企业抓住了粉丝的内在需求，于是在微信公众号群发消息时，会选择用户需要的内容进行推广，这样自然就能钓出用户的欲望。

“叫个鸭子”是一家借助微信开启的特殊烤鸭快餐品牌，借助互联网思维和微信的便利，“叫个鸭子”红透北京大街小巷。而“叫个鸭子”的神奇之处在于他在微信公众号中的营销非常有“手腕”。

2015年5月26日，“叫个鸭子”在微信中发来了这样一个信息：“六一吃着玩儿，叫个鸭子带着游戏来找你！”这是为即将到来的“六一”儿童节做推广营销的信息。“叫个鸭子”在这里推出了“六一，吃着玩”活动，当天只要叫个鸭子，企业就会带着游戏来找用户吃着玩儿，玩得好，就免单！如图7–27所示。

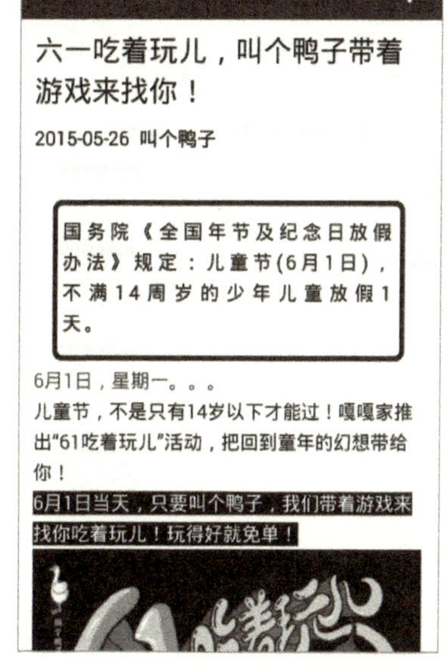

图7–27 “叫个鸭子”对微信粉丝投其所好

“叫个鸭子”充分抓住了人们想要免单的心理，并在微信中投其所好，用玩游戏、免单的方式激发了用户的欲望，让用户做好购买准备。在2015年“六一”这天，“叫个鸭子”的确销售量暴涨。

投其所好是微信营销获得粉丝微信购物的一大重要法宝，只要把握好这个营销方式，就能钓出用户的欲望。

» 7.4.2 了解用户需求，说到对方的心坎里

微信粉丝对企业的反感在于，企业说了半天，却依然没有说到用户心坎里。这就好比，你去商店买东西，你明明想要一个可以清晰照相的手机，但是推销员却一直在向你推荐听音乐有优势的手机。不了解用户的需求，话自然也就说不到用户心坎里。

在微信的推销过程中，企业最重要的工作之一就是找出用户购买这款产品背后的真正需求和价值观。然后，企业调整自己的微信信息发送模式和产品介绍。这样才能让用户明确地感受到这一产品是否符合自己内在的某种需求，是否能得到这款产品所带来的感觉和满足。

可见，在微信营销中，如果企业不能真正了解客户的需求，而只是抱着普通营销者的心理，那么结果往往是碰一鼻子灰。

每一个微信用户的购买行为，其实都满足了用户的某些需求。这些需求的满足大多数也不是产品表面能够提供的，而是这些产品满足用户消费背后的价值观和感受。比如你买一辆车，其实你难道是因为车子本身而买的吗？当然不是，你购买这辆车的原因在你需要汽车带给你更快捷的交通、更舒适的感觉、带来身份的象征等。

所以，企业在微信中的营销首先就要找到用户的内在真正需求，这样才能通过有效的互动和沟通，引导对方购买产品。而且你掌握了用户的需求，那么你所说的话，沟通所用的话语，都能说到对方心坎里，让对方听得进去，并且把你的话当做购买参考。

宜家家居就非常明白用户的需求，明白用户购买宜家的心理需求，于是在微信中经常推送一些符合用户购买家居心理的信息。如“新年家庭聚会，小客厅如何变大？”在新年或者节日期间，人们喜欢邀请好友到家里开派对、过节日，那么这就面临着如何解决让客厅变得宽敞的问题。而这正是用户的一大心理需求，于是宜家巧妙地给出了这些重要的信息，将话说到了用户心坎里，让用户倍感受用，如图 7-28 所示。

图 7-28 宜家家居了解用户需求发信息

» 7.4.3 赢得对方信任，才能一步到位

在微信营销过程中，有时候产品的介绍虽然很重要，但是很多时候仅依靠这些产品介绍还不能获得订单。比如绝大多数微信用户在没有看到真实的产品之前，都很难凭借微信上的信息就决定购买。为什么会这样呢？原因在于企业并没有彻底赢得微信用户的信任。

这与传统的营销有一定的相似之处。假如一位推销一款新式吹风机的推销员来到了一家美容美发商城，想要将自己的吹风机推销给商场。当他见到商场负责人后，就开始滔滔不绝地介绍自己的这款新吹风机如何好，功能多么先进。尽管这个推销员的口才很好，但是说完之后，商场负责人却只问了一句话："样品带来了吗？"推销员摇头，接着商场负责人扭头就走。很明显，这位推销员并没有获得对方的信任。

在微信营销中也是如此，如果你只是介绍产品，而没有给用户看到真实的产品，就很难赢得粉丝信任。然而微信是一个虚拟的载体，如何让用户直接看到实物呢？其实企业大可不必担心，企业需要做到两点。

第一，在产品介绍中，多加入一些产品高清图片，必须要是实物拍摄的；第二，通过给用户发送视频的方式来赢得用户信赖。

这两种方式，都能让用户对企业的产品有一个更深刻的了解和认识。当然，在这个基础上，企业还不能忽视销售词语、群消息的趣味性等，只有将这些方式综合推出，才有可能获得用户的信任，让微信营销一步到位。

曼秀雷敦用微信公众号推广产品时，经常使用图片步骤和视频的方式，以期获得用户信赖。2015 年 5 月 27 日，曼秀雷敦在微信中为粉丝推出了一款全新的肌研白润美白化妆水，为了吸引粉丝观看，赢得粉丝信任，曼秀雷敦并没有运用专业、枯燥的文字来介绍，而是用了大量图片、使用步骤以及这款产品的明星演绎美白的视频过程进行介绍，如图 7-29 所示。运用这种方式，曼秀雷敦赢得了更多粉丝的信任，使粉丝对这款产品产生了浓厚兴趣。

图 7-29 曼秀雷敦用视频来说话

所以，只有微信用户真正信任你，你才有可能获得订单，否则，就算企业说破天也没有用。从最终结果看，赢得微信用户信任，才有可能拿到订单，企业要根据自己的企业特性和产品优势找到让用户信赖的端口。

» 7.4.4 挖掘用户的潜在价值

用户的价值观直接决定了他的消费行为。如今随着互联网的发展和微信的普及，微信营销也正在朝着精细化的方向发展。在这个形势下，企业更多关注的是客户的占有率，而非市场占有率。

所以在互联网思维中，用户思维永远是第一位的。只有重视和留住忠实的用户，然后挖掘出他们的潜在价值，才有可能获得源源不断的利润。

在传统营销中有这样的小故事非常吸引人：一个乡下的年轻人来到大城市的一家商场成为了一个推销员。第一天上班，所有的员工几乎都完成了 20 或 30 个订单，但是这个小伙子却只完成了 1 个订单。但当他告诉老板这个订单是 30 万美元时，所有人都惊呆了。是什么让这个初出茅庐的小伙子促成这么大一单生意呢？

事实上，这个小伙子先是给卖给了那位消费者一个小号鱼钩，然后是中号、大号鱼钩，随后小伙子又推荐了消费者购买了小号、中号、大号渔线。后来小伙子问这位先生去哪里钓鱼，当对方回答去海里时，小伙子建议他买条船，所以小伙子带他去了卖船专柜，卖给了他一艘豪华的游艇。

听完这个“传奇”之后，老板不太相信，于是就问：“一个仅仅是想买鱼钩的用户，你能卖给他这么多东西？”

小伙子听了之后说：“不是的，他一开始只是为他妻子来买卫生用品的。我就告诉他，‘妻子不能陪你，周末干嘛不去钓鱼呢？’”

从这个故事中，我们可以看出，抓住用户的潜在价值，就等于获得了源源不断的利润。

在微信营销中，企业也应该在与用户聊天、互动，或者在用户咨询问题中，

发现用户的潜在价值，比如对方是不是想要得到更多的产品，或者他背后是不是还有一个大的消费团？

美丽说在微信公众号中，为用户推送了这样一个消息：“夏天怎么办｜裙装！又见裙装！”，如图7-30所示。这其实不仅仅是一个推销裙子的信息，而是抓住了女性用户寻求美丽的心态挖掘了用户的潜在价值，推出了多款裙装搭配。用户在观看时，可以对一款产品感兴趣，也可以对多款产品感兴趣，而且在微信中还能直接购买，这就大大满足了用户的更多潜在需求。

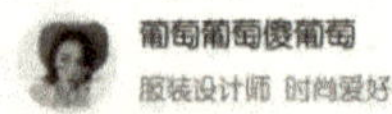

图7-30 美丽说抓住用户潜在需求推销更多产品

小贴士

微信营销是一门技术活，我们不是姜太公——不需要鱼饵，甚至不需要鱼钩就可以钓到周文王这条大鱼。微信营销必须要扎扎实实一步步进行。探究用户的内心需求、挖掘用户的潜在价值，抓住用户的心理，才能给出肥美的“鱼饵”，让用户“上钩”。

7.5 问对问题才能挣大钱

在微信营销中，问问题也是一个很大的学问。很多企业往往不习惯在微信上问用户，更不会主动去问用户，以为微信公众号就是一个纯粹的产品展示平台。其实这些企业往往都忽视了微信的社交性能，没有沟通哪里来的订单呢，因此企业必须要学会沟通，要问对问题。

» 7.5.1 多问为什么，成交更稳妥

微信公众号中，企业要学会多问为什么。看上去这难以理解，事实上并不难理解，微信是一个社交平台，企业就应该充分抓住这一点，利用微信一对一互动的社交功能，多问用户一些为什么。

多问为什么，不但能够让用户有机会与你沟通和互动，而且还能在这个过程中让用户对你的产品有更深刻的了解。此外，企业主动去询问用户，还会让用户感受到企业对他的关心和呵护，能拉近企业与用户的距离，加深用户对企业的好感。有了这些心理上的好感和基础之后，用户自然就会对你的产品感兴

趣，从而有利于促成成交。

华硕电脑在微信公众号平台中，就善于运用发问的方式来吸引人们的目光。2015年5月，华硕在微信中发送了这样一个文章："为什么推荐你买华硕品牌电脑？"，如图7-31所示。

图7-31 华硕主动推送疑问文章引出产品

在这篇文章中，华硕电脑为用户先是提出了一个疑问，这个疑问目的就是吸引用户区了解华硕电脑。为什么会买华硕电脑？这似乎是代表更多的用户提出了一个疑问。而华硕在这篇文章中也给用户做出了详细的解答，从华硕的品牌说起，一直到华硕电脑的各种分类、性能、做工等方面，让粉丝了解到这是一款值得购买的电脑。

所以，在这个疑问的开导下，用户会对华硕电脑有了一个深刻详细的了解，对华硕这个品牌也产生了信任和依赖，因此用户在下次购买电脑时，很可能会首选华硕。

所以，在微信公众号的营销中，一定要多问为什么，多用疑问的方式给粉丝带来引导，让用户怀着猎奇好奇的心态去阅读、去浏览进而去购买。

» 7.5.2 让用户说“yes”，订单才能“yes”

许多的公司只是将微信公众号当作一个宣传推广的工具或者平台，比如美食店、服装店等，每次与用户沟通时，除了推广就是广告这些内容。很少有企业真正通过这些能让用户说“yes”。

微信平台不仅是一个宣传平台，更是一个与用户形成关系的一个平台。所谓与用户形成关系就是通过互动、沟通以及很多非广告的环节来让用户说“yes”。只有用户主动真心说“yes”，那么才能真正让企业获得订单。

因此要求企业要做到以下两点。

第一，拿出 99% 的时间维护用户

通常企业在微信公众号的营销中往往会走入一个误区：将 99% 的时间拿出来做推广和宣传。事实上，企业应该将这大部分的时间放在维护用户身上，而不是用在让用户反感的推广和宣传上。

这就要求企业要拿出 99% 的时间来维护用户，与用户进行互动，让用户能够对企业产生依赖，产生好感，从而对企业说“yes”。

打开星巴克的微信公众号，我们在这里可以看到很多推送消息都是关于企业如何给用户带去惊喜、维系情感、感悟人生等内容，而很少会看到推广星巴克咖啡产品的广告。

2015 年 5 月 27 日，星巴克中国在微信公众平台中运用了动画方式，给用户推送了一篇这样的文章：“设计灵感 | 藏在杯子里的故事”，如图 7-32 所示。每隔一段时间，星巴克的客户几乎都会在星巴克店内看到各种造型的杯子。这些杯子散发出的创意和浓浓的文艺气息，让用户第一眼看到就会爱上它。

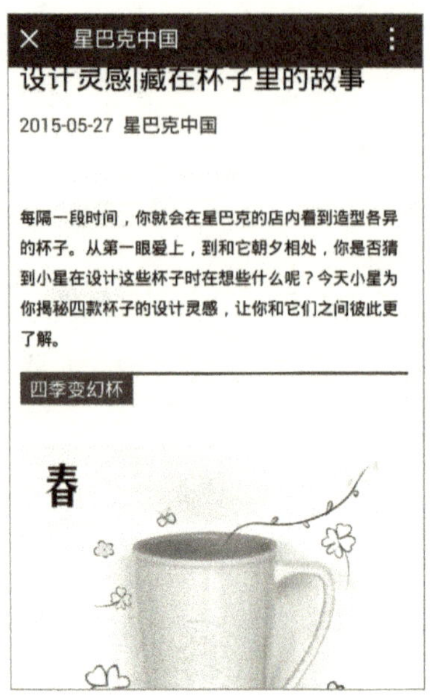

图 7-32 星巴克付出灵感维护用户

在这个文章中，星巴克没有直接推广产品，却运用了星巴克那些富有创意灵感的星巴克杯子的故事感化了用户，从春夏秋冬杯子，到各种金属、咖啡杯，乃至户外冰爽随行杯，这些造型各异的时尚杯子让用户无法不说“yes”。

有了这样的肯定，星巴克的品牌也就在用户心中形成了独一无二的标签。事实上，想要像星巴克一样赢得用户好感，需要你拿出 99% 的时间去思考如何发送一篇让用户喜爱、说“yes”的信息。

第二，信息发送得好，还要聊得好

很多企业在进行微信营销时，总是忙着将大量的信息和内容一并发给用户。但是企业并不知道，企业在微信中的订单来源不全是这些形色的文章、内容，更多的是来自沟通。如果你只是推送一些好内容，但不与用户互动、沟通、聊天，那么就算你推送的再好，用户也还是无法了解你，用户无法了解你，也就无法说出“yes”。

当然有些企业意识到了需要与用户进行认真沟通，但却不知道如何沟通，这就是方法不对。企业如果像机器人一样，用户问什么，就回答什么，那么这种互动也没有太大意义，沟通就不会深入。

因此，企业最好换位思考，站在用户角度，拿出真挚的情感和情怀与用户进行聊天沟通，聊得好了，自然就能改变粉丝对企业的看法，进而粉丝还可能将企业当做一个知心朋友对待。用户一旦将你当做知心朋友，那么订单也就不是问题了。

» 7.5.3 用问题引导用户说出真心话

微信最大的优势之一就是可以在聊天中聊出订单，这完全打破了传统营销模式。企业营销人员运用微信进行营销之后就再也不必担心以前传统营销的所有弊端，比如给用户打电话，还未接通就被挂断，或者将你拉黑。此时，你只需要在微信中与用户聊聊天，就能聊出意想不到的惊喜。

而在聊天中，企业最希望看到的就是用户的真心话，只有用户真心对你，你才能与用户有一个良好的沟通和互动。而用问题的方式，就能更快速和有效地引导用户说出他的真心话。

有这样一位专门卖潮流服饰的女孩，利用微信平台开设了一个微店。但是一开始这个微店的生意并不是很好，很少有人光顾，几天都没有一个订单。于是这个女孩就利用微信小号来在朋友圈中宣传微店。虽然有了一些客流量，但还是不尽如人意。于是女孩就搭建了微信公众号，利用这个综合营销平台来推广自己的产品。

在朋友圈、微博中加大微信公众号的推广力度，终于自己有了一批忠实的粉丝后，如何将这些粉丝导流到微店中，形成订单呢？

女孩于是经过观察其他的一些成功的微信公众号运营，发现可以通过问题引导用户说出他们的真实需求和对服装以及流行趋势的想法。

于是在微信公众号中，店主没有过多推广产品，也没有太多华丽的文章，反而是定期组织一些有奖测试、有奖问答等活动。

比如她曾在微信公众号中组织过这样一个活动：“夏季出游，你最喜欢什么‘风’？”这是一个问题测试，同时店主将自己微店里的衣服进行了多种搭配，比如日韩风、欧美风、街头风、摇滚风、萌系风等，用户只要参与回答问题，说出自己喜欢的风格，就有机会获得免费搭配套装。

这个问题吸引了很多女孩关注，这些用户纷纷参与回答问题，说出自己内心对搭配的想法。有些客户还给商家提出了很多真实宝贵的意见。活动结束后，商家对用户的真心话进行了整理，做出了更好的精准营销定位，为之后源源不断的订单打下了基础。

因此，企业要使用或者组织一些恰当的问题引导用户说出真心话，从而加强企业的营销力度，积极调整微信营销方案，给用户制定更好的营销策略，以便获得更多的订单。

小贴士

问对问题才能获得更多订单，这需要企业及时了解用户的需求、习惯等细节，才能抛出符合用户内在需求的问题。否则向用户漫无目的地问问题，不但不能问到点上，而且还很可能引起用户的反感，最终得不偿失。

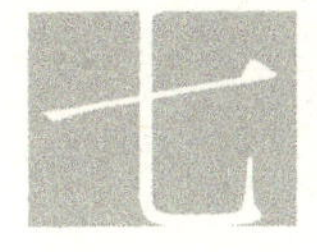

7.6 促销永不过时

无论是传统营销还是大数据时代下的微信营销，促销永远都不过时。在市场的变化中，有促销才能有人气，有气氛，有订单。特别是微信公众号的产品营销，粉丝众多、信息全面、微信特权等一系列的诱惑，足以让用户对微信的促销活动感兴趣。而且促销的方式如果得当，还可以让企业的知名度誉满微信营销圈。

» 7.6.1 通过公众平台做促销活动

通过公众平台来做促销是微信营销最常见的一种方式，也是最有效的一种微信营销模式。微信公众号平台虽然是企业的一个微网站，企业在这里可以将产品摆上去销售；可以将品牌故事发布在上面让粉丝了解企业信息；可以给粉丝推送很多文章，吸引粉丝观看……这些都可以做到，那么企业也当然可以通过公众平台来做促销活动。

推出促销活动是一个企业微信营销的重要特色，是吸引粉丝参与、促成交易的重要形式，它的形式有很多种，包括抽奖、赠送、折扣、店庆等。企业可以根据自己的需要来进行实际的操作。

麦当劳在微信公众号平台中做的促销活动是最令人惊喜的。首先在微信公众号平台的底端菜单导航中，麦当劳就为用户设立了两大板块的促销和福利："最新活动"和"优惠福利"。在"优惠福利"中麦当劳为粉丝推出了"优惠券"、"麦当劳咖啡买四送一"等活动。而在"最新活动"中，麦当劳则推出了最新的促销活动，比如"520 新品优惠""抖出免费黄甜筒""微信预售凯蒂猫"等活动。

而在麦当劳的微信平台首页中，也为用户时刻推送最新的促销活动，比如 2015 年 5 月 20 日，这天是世界"告白日"，在这个甜蜜表白的日子里，麦当劳为用户送上了更多应景的促销活动，如"表白 520 次，不如一句我愿意喂你（附新品优惠券）""抖出免费甜筒，就要黄得布一样！"，如图 7-33 所示。

图 7-33 麦当劳微信平台中更多最新促销活动

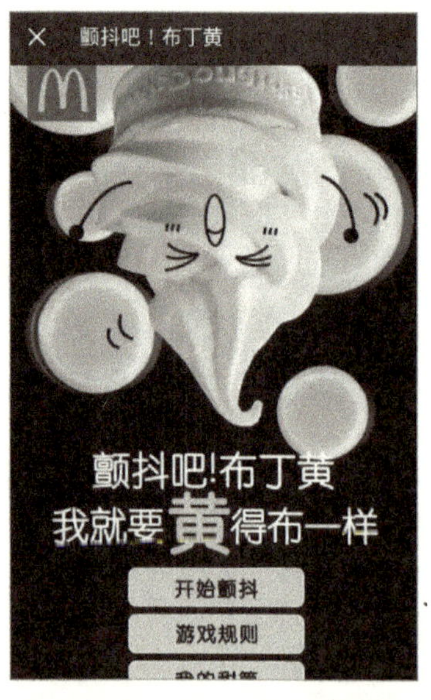

图 7-34 麦当劳"抖出免费甜筒"促销活动

在"抖出免费甜筒"的促销活动中，麦当劳为用户设置了一个有意思的趣味活动。这个活动不但有趣味，而且还与促销免费挂钩，让用户在微信中直接参与。促销活动是这样的：点击进入"颤抖"界面，会看到一个抖出免费黄甜筒小游戏的界面。在游戏界面中点击“开始颤抖”就有5秒钟的抖动机会，快速抖碎屏幕上的布丁，如果用户将甜筒颜色变成了布丁黄，那么麦当劳就会请用户免费吃一个“黄得布一样”甜筒，如图7-34所示。

这个游戏不但吸引了大量粉丝的参与，而且也极大地带动了线下麦当劳这款产品以及其他产品的促销。可以说在微信公众号平台上的促销活动影响力巨大，能够吸引更多的小伙伴参与。

所以企业可以根据自身的不同特色，充分利用微信公众平台推出不一样的、充满个性特色的促销活动，让用户参与的同时，带动该产品以及其他产品的促销。

» 7.6.2 打折！打折！再打折！

运营微信公众号，获得粉丝认可，拿到订单是企业做微信平台的重要目的。因此，企业需要将微信公众号当做自己的产品平台，如何吸引用户购物呢？需要拿出一些“诱饵”，用促销的方式来吸引用户，而打折的方式则是永不过时的方式。

打折，是促销的一种形式，而且打折的好处就是能够在数字上给用户一定的冲击，激发用户的购买欲望。那么在微信公众号中如何用打折的促销方式吸引用户，促成交易呢？

折扣狠一点，让用户抢购

在众多微信公众号的促销中，你如何才能吸引人们关注呢？打折一定要狠一点，才能引发人们的关注。很多企业往往也意识到需要依靠打折来吸引粉丝，但是却在打折的力度上不够，甚至只推出8折、9折优惠，这样的力度根本不足以吸引人们的关注。

看看那些被“疯抢”的产品，他们在折扣上都有一个共同点：力度大，打折狠。

知名女装品牌季候风在微信公众号中就用狠折扣的方式吸引了大量用户的关注。2015 年 4 月 25 日，季候风在微信公众号中给粉丝推出了这样的一个消息：“折扣力度这么大，进来看看吧。”，如图 7-35 所示。

图 7-35 季候风折扣力度大

当时临近“五一”假期，季候风把握住了很多粉丝想要在节日期间出游，但是却不知道该穿什么衣服的时机，为用户推送了“五一”出游的搭配时尚服装，而且在这个推送中，还以给力的折扣重重吸引了用户。

季候风的打折力度到底多大呢？是 6 折？还是半价？往往人们听到半价，就已经觉得店家的折扣力度够大了，但是季候风却推出在这个期间全场 3.2 折起，而且折扣还有满减的优惠，比如满 499 元，减 20，满 799 减 50 等。此外，季候风还专门为微信会员推出了更给力的微信会员折扣价。同时，这些所有的打折商品商家都包邮，为用户提供一个更加意外的惊喜。

季候风的这个狠力度折扣方式，不但吸引了人们关注季候风微信公众号，更加大了在微信的购买力度，同时也吸引了众多客户纷纷加入微信会员，获得更大的折扣购买。

显然，折扣力度够狠，才能让用户疯抢，利润增加的同时，也让微信公众号的人气变旺。

非节日也要打折

有些企业意识到打折的好处，于是每逢节假日、店庆等特殊日子，就会给用户送上大量的折扣。然而，生活却不是每天都过节，不过节的时候，粉丝就得不到折扣，那么想要购买时，或许要等到节日，或者直接就去其他店了。

因此，企业想要获得更多利润和粉丝的眷顾，也可以在非节日期间不定期搞一些折扣，给用户惊喜，让用户有所期待。

宝岛眼镜在微信公众号中的做法就非常让用户惊喜。因为在宝岛眼镜的微信公众平台中，不一定是在节日中搞促销打折，就连普通的日子，宝岛眼镜也会为用户送上一些抽奖、折扣等惊喜，让用户时刻都能在这个平台中得到惊喜和意想不到的收获。

有了这种非节日的打折惊喜，微信平台中的粉丝就更加愿意时不时去企业的微信公众号中看看，甚至还对此有所期盼。

因此，企业想要在微信公众号中获得更多的订单，就一定要将打折进行到底，不定期给用户送上意外惊喜。

» 7.6.3 你送了用户才能买！

免费是微信营销中非常重要的一个策略。当然，免费不是真的免费，而是为了能够更好吸引用户，最终从用户那里得到更大的利益，可以说，免费思维是一个双赢模式。而在微信营销中免费思维的表现就是“送东西”。

只有献出慷慨，才能得到收获，正所谓有舍才有得。你送给用户东西，用户才会因为你的“送”而“礼尚往来”，买你的产品。此外，从另一个意义上来讲，你给用户送东西，让用户感受到有“便宜”可占，就会想要获得更多的优惠，于是就会购买你的产品。

免费领取是王道

免费领取是赠送的一种，在微信公众号中，一定要为用户设置免费领取的环节，这样不但能够激发用户参与，还能激发用户因为领取的免费礼物而对企业产品感兴趣，从而为企业带来更大的收益。

骆驼户外服装品牌，虽然是一个比较低调的品牌，但是在同行中却一直以优异的质量占据着重要的市场。而在微信公众号的营销中，骆驼却是一颗闪耀的新星。骆驼在微信营销中非常懂得灵活变通，更知道用户需要什么，不需要什么。

骆驼在微信中，经常给用户派送一些免费领取的促销活动，吸引了粉丝的参与，还能激发用户的购买力。

2015 年 5 月 19 日是一个普通的日子，不是节假日，也不是骆驼的店庆，但是骆驼却在微信公众号中为用户推出了“人人有份，零元领礼盒！”的活动，如图 7-36 所示。这是一个纯粹的赠送活动，所有看到这个活动的人，都对此感到非常惊喜。于是点击进入，参与了“零元领礼盒”活动。

图 7-36 骆驼品牌“零元领礼盒”

用户参与之后，只需要点击自己选中的礼盒，然后摇一摇手机，输入自己的手机号码和联系方式，就能免费获得一件骆驼的 T 恤衫。

通过这个免费领取的活动，用户不但对骆驼有了很大的好感，而且还对骆驼的其他户外产品也产生了兴趣，有效地促成了用户的购买欲望。

送红包引导用户购物

微信抢红包是一个流行活动。2015 年羊年春晚期间，中央电视台春节联欢晚会现场也开启了微信抢红包的模式，用户可以实时参与春晚微信互动，摇动手机抢红包。这其实就是一个免费赠送的活动，目的是让用户可以参与观看春晚，参与互动，增加收视率和春晚人气。

免费送红包的方式也被很多拥有微信公众号的企业所灵活运用。一些微信公众号会在微信平台中给用户派送红包，促进用户购物。比如上述的户外品牌骆驼，在微信公众平台中也时常给用户派送红包，用户使用该红包购物时，可以抵消现金。

此外，很多微店店主也在微信朋友圈中给用户派送微店红包，而且数额巨大，吸引用户参与。

大嘴鱼是山东的一家专门卖樱桃的微店，为了更好地促进用户的购物，大嘴鱼在微店中为用户推送了“进店激动红包，百分之百中奖”活动。用户只要点击领取，就能获得红包，这些红包可以在购买该店中产品时使用，如图 7-37 所示。

图 7-37 大嘴鱼微店用发微信红包吸引用户参与

而大嘴鱼还将这个派送红包的活动，在朋友圈中借助好友一起群发，让更多微信用户通过进店领取红包而参与产品购买。这个活动的效果非常好，促进了微店的生意。

» 7.6.4 转发有礼，点赞送礼

免费送礼的方式包括转发有礼，点赞有礼。这是微信公众号的特殊促销方式。很多企业在微信公众号中群发了消息之后，或者退出了促销活动之后，为了吸引更多的用户参与购买，希望更多的粉丝在阅读了文章之后，转发到朋友圈，让更多人知道，于是企业就在信息中设置了“转发有礼，点赞有礼”等活动。

唯品会在微信公众号中就将这种转发有礼活动搞得非常有趣味。在唯品会微信公众号中，有一个“粉丝福利”菜单，点击之后，里面会有很多唯品会为用户送上的各种福利，包括签到有礼、小唯发奖等。

在“小唯发奖”中，唯品会给用户提供更多的活动参与。在这里，唯品会与更多品牌合作，比如周大福、阿玛尼等。用户可以点赞得到礼品，将唯品会的这个活动转发到朋友圈然后就有机会抽奖获得礼物等。这些方式都充分吸引了唯品会微信粉丝的热情参与，他们只需要点个赞或者转发到朋友圈中，就有机会获得这些心动礼品，对用户来说何乐不为呢？

而在“签到有奖”中，唯品会也几乎等于是“白送”，与知名奢侈品阿玛尼和施华洛合作，推出微信签到萌萌哒，签到可赢阿玛尼手表、施华洛世奇首饰，如图7-38所示。

图 7-38 唯品会签到有好礼

这个活动吸引了唯品会粉丝的追逐和参与，他们不但想要获得这些奢侈礼品，更想要分享到朋友圈中，让亲朋好友一起参与，而且还会因此而特别关注唯品会，增强自己购买唯品会产品的欲望。

因此，企业在推送一些促销信息时，可以在文章中加入点赞有好礼或者转发有礼等提示，让用户动手去转发、点赞，这样也能实现企业与用户的双赢局面。

小贴士

促销的方式有很多，无论是打折还是赠送，都一定要在力度、程度上做到够大，够吸引人，这样可以让你的微信活动得到更多的关注。此外，企业还应该在赠送礼物时选择当下流行或者热门的礼物，而不要给用户一些过时、不能激发用户参与热情的礼物。

第八章

实战案例，当营销童话照进现实

微信营销看上去很美，但真正做起来可能也并非那么容易，但只要懂得技巧和方法，也并不复杂。本章就为读者送上当前微信公众号成功的营销案例。作者从“衣食住行乐”5个方面呈现不同行业的品牌微信营销。这样的安排，可以让读者对号入座，找到与自己类似的企业，学习和借鉴他们的成功案例，让微信营销走得更顺利。

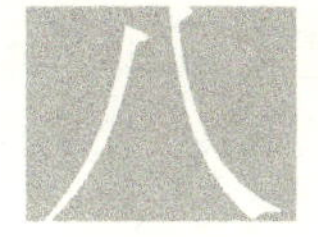

8.1 衣——被微信影响的电商圈

随着生活水平的提高，人们购物的水准也越来越高。而且为了更加省钱省力，消费者逐渐习惯了网上购物。在移动互联网的大发展下，许多电商看准了微信销售的趋势，于是很多服装、化妆品类等带动女性消费群体的电商行业纷迈向微信公众号。下面我们就来介绍一下被微信营销的那些关乎消费者“衣”的电商圈。

» 8.1.1 美丽说：口碑营销提升品牌传播力

美丽说可以说是国内最大的女性快时尚电子商务平台，该平台主要为广大年轻时尚的女性用户提供最流行的时尚购物体验，该平台的注册用户大多在 18 岁到 35 岁之间。2009 年，美丽说创立，创始人徐易容及时看到了未来电商的分类化发展，于是开创了这个专门针对年轻时尚女性的电子商务平台。而且该平台还具有一定的社交功能，用户可以在这里相互晒图，发表评论，交流购物心得，结交朋友等。美丽说在短短的几年之后，已经获得了上亿女性用户的青睐，成为女性时尚垂直品牌电商的突出代表。

微信公众号营销兴起的势头，使美丽说看到了微信营销的魅力，于是快速建立了微信公众平台，运用微信的口碑传播为品牌塑造了良好的形象，也实现了更好的传播。

3 大微信平台齐上阵制造良好口碑

美丽说非常注重微信公众号营销，这一点从美丽说的微信公众平台的数量就能看得出。很多企业往往在微信营销方面，根据需求，只建立一个微信公众号，或是订阅号，或是服务号，总之利用这一个平台来维护粉丝，精准营销。

但美丽说却没有这样做，在美丽说的眼中，只建立一个微信公众号，众口难调不说，而且销售、服务、咨询等环节如果都在一个平台中，恐怕客户也无法全面顾及，于是美丽说就综合形象、服务、招聘分别做了 3 个微信公众号平台。

其中“美丽说”作为订阅号出现，其余两个作为服务号出现。在“美丽说”这个平台中，企业为用户提供了关于美丽说的穿衣搭配、购物网址等主体服务，用户可以在这里了解美丽说更多的最新资讯和潮流搭配。

比如点击“爱美丽”中的“应季搭配指南”，美丽说则会立刻给用户送上当季的潮流搭配指南和穿衣方式。图文并茂的消息内容，让用户看完之后不但能够学会搭配，还能从中得到便利的购买方式，如图 8-1 所示。而在“福利社”中，美丽说还为用户提供了更多值得入手的美丽说美衣单品，为用户在美丽说购物提供了一个全面的潮流方案。

“美丽说服务中心”是美丽说的一个服务号，在这里，用户可以随时随地用微信来查询美丽说的购物订单状态。还可以将账号绑定微信，直接从这个公众号进入美丽说的购物中心进行快速购物。

“美丽说招聘”顾名思义就是美丽说的一个微信招聘平台，用户如果想要加入美丽说，或者对美丽说有任何不明白、不了解的地方，都可以通过这个平台获得答案。

如此分工明确的 3 大微信公众号，既让美丽说这个购物电商平台的系统在微信上更加完善，同时又能彰显其权威性。这样的专业性和权威性也赢得了美丽说在微信公众号的良好口碑。

图 8-1 美丽说“应急搭配指南”

及时为用户送上潮流购买信息

作为服装电子商务行业，其最终的目的就是让用户购买产品。美丽说深刻意识到这一点，于是采取了做用户全方位时尚顾问的方法。首先利用微信公众号为粉丝提供更多的潮流资讯和信息，让用户对美丽说有依赖性，这样就能黏住粉丝，让粉丝进一步成为美丽说的忠实用户。

其次，美丽说还在微信公众平台中，为用户推出“值得买”“当季潮流”“今日精选”等板块。这些板块多少有些引诱用户购买的意图，但是由于其专业性和对潮流的解析，让用户无法抗拒。比如在“今日精选”中，美丽说每天都会为粉丝推出当日值得购买的潮流单品，用户看到这些衣服，不但能够了解当日的流行元素，还能快速实现购买，如图 8-2 所示。

图 8-2 美丽说“今日精选”

美丽说就是凭借这些微信平台上展示出来的优势获得了粉丝的信任和支持，粉丝们也会为美丽说做宣传，因此美丽说在微信营销圈中的口碑和地位也就慢慢积累了起来。

» 8.1.2 聚美优品：微信首个美妆试用平台

作为化妆品行业，聚美优品可以算得上是一个个性十足、时尚前卫的电商平台。80 后的陈欧在 2010 年创立了聚美优品之后，便屡次以自己为代言，而那句“我为自己代言”的经典广告词也成为年轻人追捧的热点。

在聚美优品身上的头衔有很多：第一个为自己代言的化妆品电商，第一个化妆品团购模式。而在营销方面，它也是微信第一个美妆试用平台。

首个美妆试用平台

聚美优品自从开通微信公众号以来，就一直深受广大女性用户的关注和青睐，并且在最短时间内快速吸引了上万名粉丝关注。那么到底是什么让聚美优品的微信公众号如此有魅力呢？因为聚美优品是首个微信美妆试用平台，这代表什么意思呢？这代表聚美优品在微信平台上免费向粉丝们发送试用品。

天底下有这样的好事儿？的确有，而且就是在聚美优品的微信平台中。聚美优品的公众号在建立初期，就推出了“Free 派”环节，这就是一个美妆试用环节。粉丝需要按照提示来回答相关问题，然后将试用活动分享到朋友圈中，就会得到一份聚美优品提供的免费试用产品。

随着聚美优品微信公众号的升级和完善，“Free 派”这个板块也逐渐升级，而且免费试用活动却并没有因为这个升级而取消。在聚美微信公众号中，还会定期为用户推出系列的免费试用活动。例如 2015 年 5 月 14 日，聚美优品就在微信中推出了“免费试用兰芝睡眠神器！打造女神面容！ Free 派”，如图 8-3 所示。在这个活动中，聚美优品不但为用户推出免费试用活动介绍，还为用户详细送上了熬夜对肌肤的害处以及如何让肌肤不再受熬夜摧残，如何护肤等各种妙招，非常受聚美粉丝喜爱。

图 8-3 聚美 Free 派免费试用活动

这部分内容，受到了更多年轻女性用户的青睐，很多微信粉丝在朋友圈中看到了这个试用活动于是纷纷参与。而聚美优品的这种赠送福利服务也一直深受更多新粉丝的青睐，同时这种活动也刺激了用户的消费。

微信促销大吐血嗨爆粉丝

作为美妆、服饰美容等电商平台，聚美优品看到了粉丝们的热情，同时，也非常巧妙地利用了粉丝的热情，为微信粉丝推送了更多的大吐血促销活动，嗨爆粉丝，让粉丝对聚美优品越发无法抗拒。

2015 年 5 月 20 日是“告白日”，而这一天也恰恰是聚美优品上市一周年的日子，聚美优品在微信中开始对粉丝实行了“大吐血”的促销优惠活动。“520 放肆爱，放肆卖！喜欢就不要克制！”，如图 8-4 所示。这个标题成为了最能触动聚美粉丝的引爆点。

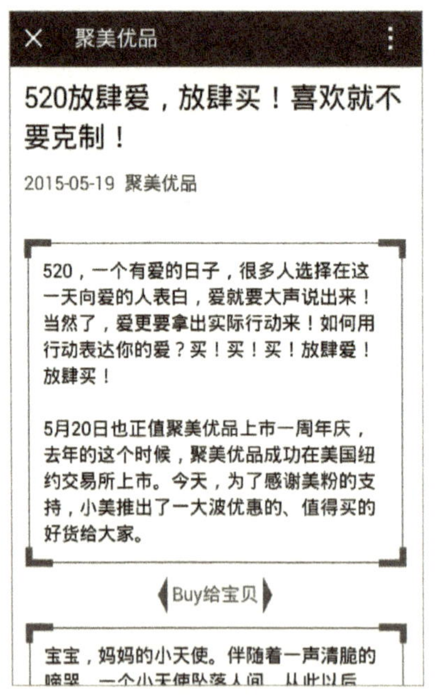

图 8-4 聚美优品“520”大促销

很多聚美的产品在这一天纷纷大促销，而且微信粉丝还有独特的优惠权和优先权。因此，这样的促销活动也是聚美微信粉丝所喜爱的，这个活动为聚美在“520”这天嗨爆微信平台打下了坚实基础。

小贴士

作为衣食住行的首要“衣”，企业在微信营销时，首先就要了解目标用户的群体和属性特征。在这个基础上，不断推出活动，增强与粉丝之间的互动性，注重各方面的服务和互动，提高企业品牌的知名度，提升口碑传播力。

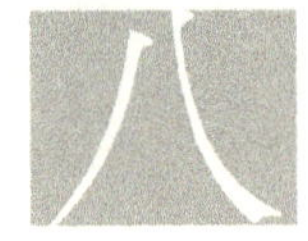

8.2 食——被微信影响的饮食圈

俗话说："民以食为天"，从有商业市场开始，"食"就是最初也是最不可缺少的一部分。可以说，在市场中，任何一个行业都可能会消失，只有"食"这个行业永远不会。话虽如此，但随着市场的发展和变化，餐饮行业的竞争却日益激烈。微信公众号出现之后，饮食圈逐渐在营销方面跟随形势，从传统的营销方式转向移动互联网。

» 8.2.1 绝味鸭脖：妙趣横生，内容为王

绝味鸭脖是当今人们喜欢吃的湘菜之一，凭借绝无仅有的鲜香麻辣经典四重味，获得了人们的喜爱。绝味鸭脖在传统营销中的火爆达到什么程度呢？截至 2015 年年初，绝味鸭脖在全国已经有 5000 家传统门店，绝味鸭脖已经成为鸭脖连锁知名品牌。在移动互联网的发展下，绝味鸭脖也快速借助微信走上了另一个新的营销高度。

微信公众号，加盟服务一步到位

很多连锁品牌店在营销方面，最重要的一个环节就是吸引更多的加盟商，绝味鸭脖也是如此。为了能够吸引更多年轻人创业，绝味鸭脖在微信平台中搭建了一个服务号，这个服务号就是为了吸引更多加盟商而开设的。

打开这个服务号，首先就会看到绝味鸭脖发来的“我要加盟”的信息。只要用户回复这四个字，就能快速看到绝味鸭脖提供的加盟方式以及具体的流程，使更多的粉丝了解加盟绝味鸭脖的好处，从而吸引加盟者加盟。

这种吸引人们加盟的方式，也快速打开了绝味鸭脖在服务号中的微信操作和运营，让更多的粉丝对绝味鸭脖有一定的良好印象。

妙趣横生，内容为王

在微信营销中，曾有人说过这样一句话：“微信公众号，无内容不营销。”这说明，内容对微信营销的重要性。绝味鸭脖充分看到了这一点，搭建了微信公众号的订阅号，专门为用户推送妙趣横生的内容，吸引粉丝购买绝味鸭脖。

在绝味鸭脖订阅号的内容中，绝味鸭脖与其他企业不同，其他企业往往在推送内容中会推送一些优惠信息、产品销售等，而绝味鸭脖认为这对粉丝来说是一种赤裸裸的广告推广，很可能户会让粉丝反感。于是，绝味鸭脖抓住了人们的心理，在微信公众号中选择给粉丝推送更多妙趣横生的内容，甚至这些内容都与绝味鸭脖无关，或者与绝味鸭脖的销售无关。

例如“吃完辣鸭脖后的第二天”、“辣鸭配上冰激凌，想想都醉了。”如图 8-5 所示。这些内容很多都是为粉丝提供新鲜的绝味吃法、如何解决吃完鸭脖后的一些问题等。这些内容不但妙趣横生，而且还非常实用，这就让更多的粉丝对绝味鸭脖有一个更好的印象，甚至会很依赖绝味鸭脖公众号推送的这些消息。

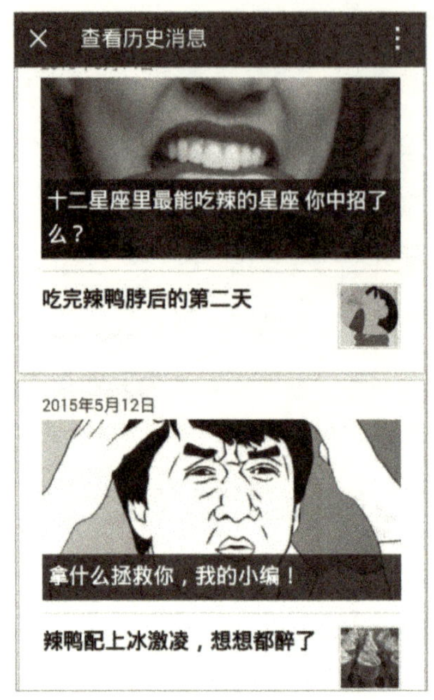

图 8-5 绝味鸭脖妙趣横生内容

» 8.2.2 金凤成祥：微信营销带来高利润

作为一个蛋糕店，在营销方面虽然有传统的方式，但是自从微信公众号出现之后，金凤成祥就开展了微信营销。早在几年前刚出现手机二维码付款时，金凤成祥就开始了这种操作。而如今微信公众号的出现，金凤成祥自然不能“放过”。

微信在线订购，让营业额迅速增长

金凤成祥在微信公众号的营销中，始终坚持一个原则：销售有策略，利润是目的。于是在微信公众号中设置了在线订购。它是西点蛋糕企业中首批嵌入微信订购的企业。而这种方式也恰恰吸引了很多粉丝的关注。

用户想要购买蛋糕时，一般有一个这样的传统流程：看看附近是不是有蛋糕店，然后去蛋糕店或者打电话咨询蛋糕产品以及价格，最终在蛋糕店确定购买的产品。这种方式虽然很传统、平常，但是针对年轻人宅在家里的习惯以及忙碌的状态，这种方式会给用户带来一些不便。

于是金凤成祥就在微信公众号中推出了“在线订购”的服务。点击“在线订购”的“生日蛋糕”选项就会直接跳转到订购生日蛋糕的界面，如图 8-6 所示。

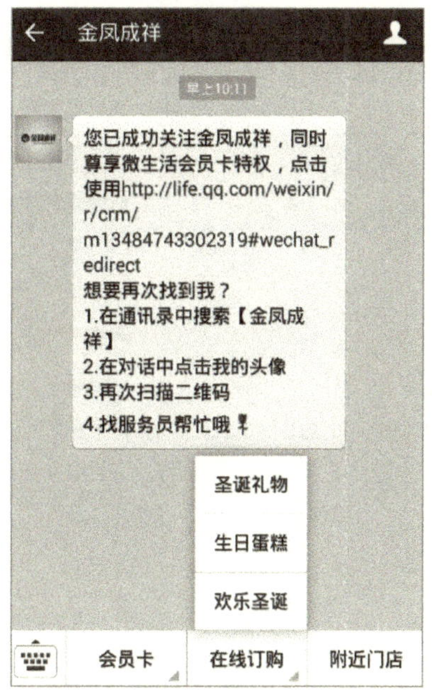

图 8-6 金凤成祥微信在线订购

有了这样的便利服务，人们只需要关注金凤成祥这个公众号，就可以通过微信实现简单的订购，金凤成祥会根据用户输入的地址，在指定时间送上蛋糕。

此外，在金凤成祥的微信公众号中，还设立了微信会员卡、附近的店等服务，用户只需要点击金凤成祥的会员卡，即可办理与实体店绑定的会员卡，而且使用微信会员卡，还能在购物时享受微信优惠。如果用户想要去门店自提产品，那么可以点击“附近门店”来查找附近的金凤成祥店铺，到店内购物。

如此便利的服务和订购程序，让金凤成祥在同行中脱颖而出，成为了首批通过微信来获得高额利润的餐饮企业。

小贴士

餐饮企业通过微信营销虽然很普遍，但是企业一定不要忘记，无论推送什么好玩的内容、服务，都应该为最终的销售做准备。最好在微信公众平台中为用户设立直接购买、预订等渠道，让用户可以省时省力购买，这对企业的营业额增长也有帮助。

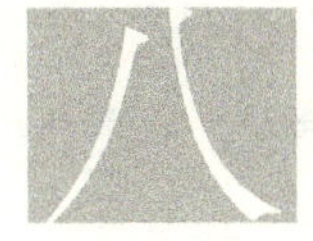

8.3 住——被微信影响的酒店圈

酒店是每个人都依赖的服务居所。无论是外出旅游，还是出差办事，都会居住酒店。因此，酒店的营销就被很多企业提上日程。酒店应该利用微信公众号来维护好用户，对用户进行更方便的管理，同时也能借助微信公众号推陈出新，创立个性的营销方式。

» 8.3.1 格林豪泰酒店：微信会员卡

酒店利用微信营销的本质是什么？是会员营销，也称为“微会员”。微信会员营销与酒店实体营销的会员营销相比，更具有优势，更能吸引粉丝，产生回头率。这主要基于微信公众号的社交属性以及用户管理属性。格林豪泰酒店在这方面的运营就是一个很经典的案例。

格林豪泰酒店是一家大型的连锁酒店，为了吸引更多的用户入住，格林豪泰加入了微信公众号的阵营。在微信公众号的营销中，格林豪泰坚持走会员卡的路线。

在格林豪泰的微信公众号首页中，有一个“会员中心”，在这里用户只要点击“注册会员”就可以通过验证手机号码快速注册一个微信会员卡，如图 8-7 所示。有了这个会员卡之后，用户可以在微信中通过“酒店预订”来优惠预订酒店。

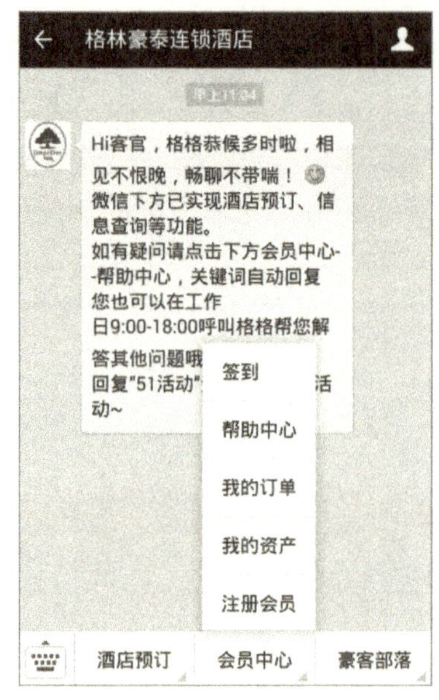

图 8-7 格林豪泰酒店注册微信会员卡

在这个会员卡选项中，用户还可以选择“签到”为自己的会员卡积分，积分越多，享受到的优惠就会越多。此外，还可以通过“我的订单”查看自己预订酒店的订单的详细信息。

有了微信会员卡的服务之后，粉丝在更大程度上就有了便利，可以更加快速地预订酒店、优惠预订，还能查看自己预订的酒店信息等，甚至还能因为微信积分而获得惊喜礼物。这样就能形成粉丝们对其的依赖。

格林豪泰酒店还充分利用了微信的用户管理优势，在后台根据粉丝数据，将用户按照不同的属性进行细分类，然后针对不同的客户进行相关的维护和管理。借助微信的沟通互动社交性，企业还可以通过微信与粉丝进行即时互动，提供更多详细的服务。

有了这些非常细节上的运营和营销流程，企业很快就通过微信公众号抓住了粉丝，并最终将这些粉丝发展成为了格林豪泰的忠实会员和客户。

» 8.3.2 布丁酒店：微信改变的营销模式

布丁酒店是杭州的一个时尚、新概念连锁酒店。在互联网高速发展之时，布丁酒店依靠创新、自由、个性的特点赢得了众多年轻人的喜爱。事实上，在营销方面，布丁酒店也不拘一格，不但在实体店中摆脱传统模式，更在移动互联网发展迅速的当下，借助微信来改变营销模式，走上了一条个性化的微信营销道路。

微信 0 秒退房彰显营销特色

如今数字营销渠道越来越多，线上线下需要及时打通，才能让营销出色。布丁酒店深谙这个道理，于是借助微信公众号推出了在线订房的 O2O 模式。而且这种方式能够很好地利用线上微信的其他更多功能。

在布丁酒店的微信中，不但可以在线订房，布丁酒店还推陈出新，为用户提供了创意的退房政策。

众所周知，企业的酒店如果在微信中预订房间，那么想要退房，需要点击“我的预订”或者与微信客服沟通，或者打电话给酒店服务人员，说明自己的会员卡号和入住人登机手机号码等信息，才能联系退房。

而布丁酒店则在这方面为用户提供了更完美的服务，推出 0 秒退房服务。用户点击“0 秒退房”，然后点击确定退房，那么当时即可退房成功，如图 8-8、图 8-9 所示。

图 8-8 布丁微信 0 秒退房

图 8-9 布丁 0 秒退房

这种快速退房的服务，不但为用户节省了很多时间，而且还让更多用户意识到布丁酒店微信公众号的优势和特色，从而能够吸引更多的粉丝和客户。

布丁社区多样化娱乐方式吸引粉丝

布丁酒店在微信营销中大力推陈出新，以新意和个性自由的理念来吸引粉丝。当很多酒店只顾及到在微信公众号中获得更多订单，而推出预订、优惠券、促销活动等方式时，布丁酒店抓住了用户的心理需求，推出了布丁社区。

这是一个集合多种娱乐方式的社区，在这里有热门活动、唠嗑微社区、聆听微电台、返现大升级等活动。

在“唠嗑微社区”中，聚集了大量布丁酒店的忠实粉丝，在这里，粉丝可以和布丁酒店的“阿布”一起讨论人生、爱情、时尚，甚至还能真的唠嗑、聊家常。在这个社区中，阿布带领各种粉丝进行各种话题的讨论，非常热闹，为布丁酒店带来了浓厚的气氛，如图 8-10 所示。

而且通过这个社区，布丁酒店还拉近了与粉丝之间的距离，让粉丝对企业有一种信任感和依赖感。

在“聆听微电台”中，布丁酒店为粉丝送上了一些让人轻松、休闲的电台内容，比如优美的歌曲，怡人的文章等，让人们陶醉在这样的社区中不能自拔，如图 8-11 所示。

有了布丁社区的这些多样化的娱乐方式，布丁酒店再次赢得了更多粉丝的热爱，同时也加大了企业的黏性。

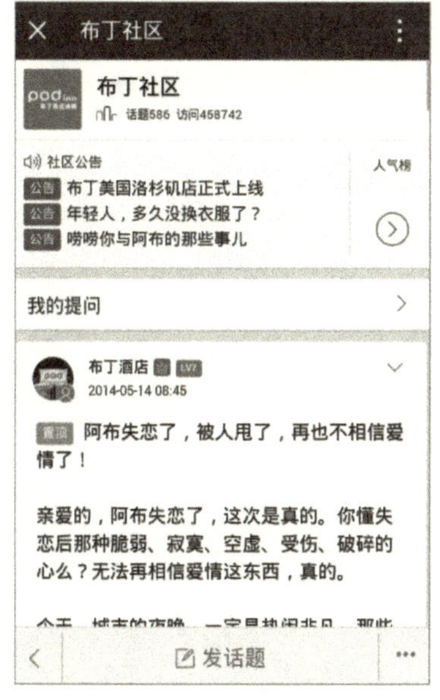

图 8-10 布丁社区

图 8-11 布丁微店电台

小贴士

餐饮行业做微信营销，虽然可以利用微信会员卡以及更多创意的方式来营销，这个方式看上去虽然很美，但关键的过程却十分让企业头疼。企业需要对酒店的微信公众号进行整体的策划和运营，比如如何发展会员，如何进行具体的会员营销，如何进行维护会员等，这些都是需要企业在具体的操作过程中慢慢体会的。

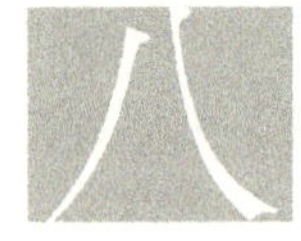

8.4 行——被微信影响的交通圈

在“衣食住行”中，虽然“行”排在末尾，但它的存在却是不可或缺的，而且“行”关系到人们与外界的联系。在微信营销火爆的当下，“行”也热衷于微信公众号营销。

» 8.4.1 东航微信自助服务：方便旅客出行

中国东方航空公司（以下简称东航），是一家乘客很信赖的航空公司。作为交通行业中的高端企业，面对微信营销的大趋势，东航没有放弃追求精益求精的步伐。东航很快搭建了微信公众平台，并且通过这个平台赢得了更多客户的青睐。

微信自助一条龙服务

东航微信公众号之所以被粉丝簇拥，是因为东航在微信平台上的确做到了为用户着想。东航完全遵守互联网思维的用户至上原则，将用户的利益、时间看的比利润更重要，最显著的表现就是微信自助服务。

打开微信公众号，点击“航班服务”，会发现有 5 个非常实用的服务选项，分别为航班订阅、机票预订、办登机牌、航班动态、机票验真。东航通过这 5 个服务项目实现了用户一条龙的全方位服务。

东航为粉丝提供的服务效率也很高，比如我们点击“机票预订”，则只需要根据提示，输入登机时间、出发地以及目的地，就能快速出现机票信息，如图 8-12 所示。而且信息十分全面，会显示剩余票数、各个机型、机舱等级、价钱、时间等内容。用户根据需要，可以点击某一时间段的机票，然后直接预订。整个订票过程非常便利，充分体现了东航对粉丝的关爱。

图 8-12 东航机票预订

再比如我们点击“办登机牌”服务，也可以根据东航提示的信息输入相关的证件号码和票号快速办理登机牌。

这些便捷的服务，让用户对东航的微信公众号非常依赖。在预订机票、办理登机牌、查询航班动态等方面，不需要打电话或者亲自到机场，就能办理。

这对用户来说，不但节省了大量时间，而且还非常便利，也让用户感到舒心。

细节生活服务到位

东航在微信中，不但为用户提供了关于机票、登机牌等办理的服务，还为用户提供了更为详尽的生活服务。比如天气、交通、行李等。在东航的微信公众号中有一个"旅行咨询"的菜单，点击它，就会出现各种细节生活的服务查询，如行李须知、城市天气、常用电话、优惠活动、遗留物查询等，如图 8-13 所示。比如我们点击"城市天气"，只要输入想要查询的城市名称，就可以快速得到当地的天气状况。

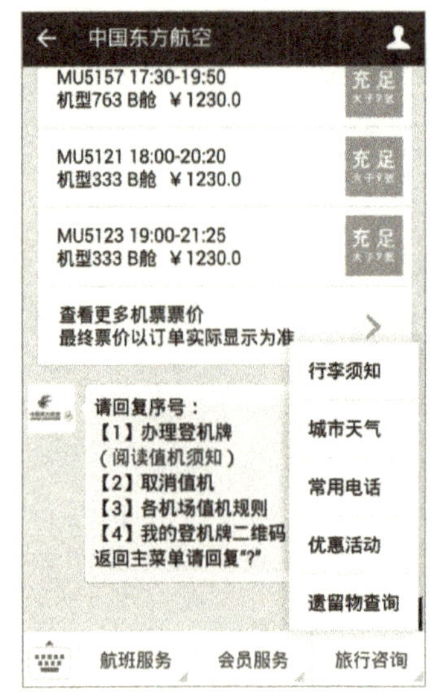

图 8-13 东航旅行咨询及生活服务

这些环节也能让用户对东航的微信公众号产生良好的印象，甚至还会让粉丝觉得东航微信公众号是万能的，以后出行都可以依靠这个平台解决一切问题。

» 8.4.2 滴滴打车：微信促销送不停

在移动互联网时代下，打车神器并不是一个新鲜的词汇。滴滴打车就是一个打车神器，也是目前全国最大的智能手机叫车平台。它凭借覆盖面广、用户多等优势，快速占据了打车软件市场。尽管很多人热衷于下载滴滴打车的 APP，但是在微信公众平台中，滴滴打车也非常受欢迎。

尖叫促销送不停

在滴滴打车的微信公众号中，最不缺的就是尖叫的惊喜。只要你打开滴滴打车的微信公众号就能看到滴滴打车发来的各种各样的促销信息和免费派送活动。

例如“桔色星期一，免费打快车”促销活动。2015 年 5 月 22 日，滴滴打车在微信上发来了这样的信息“滴滴掏 10 亿请全民免费坐快车”，从 2015 年 5 月 25 日星期一开始，连续四个周一，滴滴打车推出“滴滴快车全面体验月”活动，连续四个周一，首批 11 个城市的乘客每天享有两次 15 元的免单机会，如图 8-14 所示。这样的机会，让每个粉丝都为之心动，乃至尖叫，尖叫之余，还为滴滴打车带来更多的粉丝和客户。

不要以为滴滴打车的福利促销百年不遇，事实上，滴滴打车在微信中的促销根本停不下来。2015 年 5 月 20 日这天是所谓的“告白日”，滴滴打车在微信中，为用户推出了“好想你！滴滴专车全城表白领取 50 元好想你优惠券”活动，如图 8-15 所示。

图 8-14 滴滴打车“桔色星期一”促销

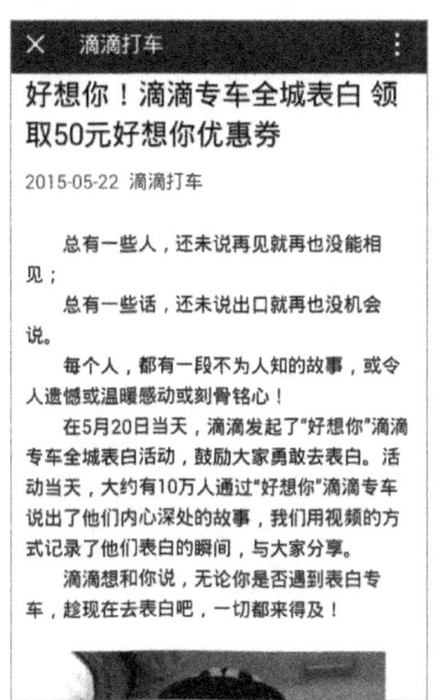

图 8-15 滴滴打车“告白日”促销优惠券

这个促销主要是为了鼓励用户勇敢去表白，只要用户大胆表白，就有机会获得滴滴打车提供的 50 元专车券。在这个促销活动中，用户积极大胆地晒出表白的照片和想说的话，不但带动了滴滴打车这个促销活动的氛围，也带动了更多粉丝参与。

有奖活动持续不断

在滴滴打车的微信公众号中，企业还为用户持续不断地推送了更多的有奖活动。也有很多企业喜欢在微信公众号中推一些活动来吸引粉丝，但这些活动很多没有奖品，或者奖品吸引力很小，这就很难吸引粉丝参与。

滴滴打车在这方面做得很好，在推出活动时，加入了丰厚的奖品和趣味的环节。例如滴滴打车中的“推荐有奖”环节，用户在这个推荐界面中，可以邀请滴滴打车的新用户和好友参与活动，只需要在界面中输入手机号码，就可以和好友试乘专车，同时和好友一同各获得 30 元礼包，如图 8-16 所示。这个活动不但有个性和创意，而且非常有吸引力，成为了粉丝们喜欢参与的环节。

再比如“1 分钱拼车”活动，也是一个有意思的活动，用户参与该活动的测试，可以获得一分钱拼车的优待权，同时还有机会抽取大礼包，如图 8-17 所示。

图 8-16 滴滴打车推荐有奖活动界面

图 8-17 滴滴打车“1 分钱拼车”活动

滴滴打车通过促销、有奖活动等多种福利方式，深深赢得了微信小伙伴们的喜爱。同时也为滴滴打车带来了更多的新用户。

小贴士

交通行业在微信营销中，必须要注意一点：为用户提供更多的便利和福利。便利可以让用户节省时间，避免不必要的麻烦，福利可以让用户依赖你的微信公众号，吸引更多粉丝，所以必须要抓住这两点来做微信营销。

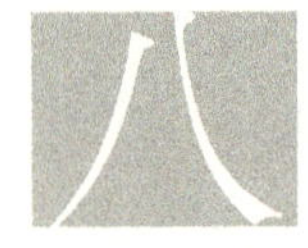

8.5 乐——微信影响的娱乐圈

千万不要以为微信公众号就是企业的王牌，是企业的天下。事实上，任何一个个人都可以打造一个公众号，而如果这个个人是闪耀的明星，那么微信公众号的作用就立竿见影，成为明星的“赚钱工具”和“宣传平台”。下面我们来看一下微信在娱乐圈里的影响力。

» 8.5.1 陈坤公众账号：挂着微信营销的明星应用

陈坤是大名鼎鼎的耀眼明星，出演过多部热播电视剧和电影，也录制并发行过唱片，是大型公益活动“行走的力量”的发起人，多个时尚品牌代言人……如此多的耀眼光环集中在他身上。按照常理来说，这样的明星恐怕不再需要靠自己来推广了，但是陈坤却并不这么认为。

陈坤是娱乐圈中少有的精明商人，他利用粉丝效应，搭建了公众号，并且开启了明星应用，在这个公众号中将娱乐、商业、公益全面进行到底，吸引了更多的粉丝，也为娱乐圈树立了良好的榜样。

搜索并且关注陈坤公众号之后，会看到陈坤公众号的创意和炫酷。点击“K-World”，就会进入陈坤的酷炫界面，如图 8-18 所示。在这个界面中，陈坤高清帅气的照片成为微信的背景图，下方的导航菜单也非常合理地排放：讨论区、新闻动态、行走的力量、店铺、智能产品、行走俱乐部。这里任何一个板块，都是陈坤公众号的核心。

图 8-18 陈坤公众号酷炫界面

在讨论区中，用户可以与陈坤进行实时互动，粉丝可以得到与明星互动的福利；在新闻动态中，陈坤的最新动态活动，会在这里一一呈现，比如去时装秀场、电影发布会等信息都会及时呈现；行走的力量中是关于该公益活动的一切信息；店铺是陈坤个人工作室里出售的一些产品，有笔记本、电子产品、衣服、家居产品等，用户可以直接购买；智能产品环节是陈坤与其他企业跨界联合出品的一些明星智能产品；行走俱乐部是公益活动“行走的力量”的一个粉丝聚集地。

在任何一个环节中，陈坤都为粉丝送上了很好的福利，比如陈坤个人的高清写真下载、陈坤无损高品质音乐、阅读等。与陈坤公众号相比，其他的明星公众号可能很单一，甚至一片空白，只是一个摆设。

而陈坤的公众号则完全是一个商业王国，一个明星应用。这些高品质福利俘获了粉丝的心，为陈坤的微信带来更多粉丝，加强了陈坤的知名度，从而还能将陈坤工作室出品的各种创意产品推广出去，获得更多利润。

所以，陈坤的公众号在娱乐圈中是一个巨大的震撼，是一个榜样，是合理利用微信公众号营销的典范，值得更多娱乐圈乃至整个娱乐界内的人们学习。

» 8.5.2 杨幂微信公众账号 6 秒钟语音回复网罗百万粉丝

微信公众号的风行，已经成为了一种风潮，这阵风潮也刮到了娱乐圈的大咖明星中。明星纷纷开通微信公众号，与陈坤纯粹的商业理念不同，杨幂也是较早加入微信公众号大家庭的明星，只不过，杨幂在微信公众号中的“营销”方式很特别。

下面我们用一个小插曲来说一下杨幂公众号有什么特别之处。

有这样一个男性用户，在与几个哥们的一次聚会上喝多了，然后当着大家的面说杨幂是自己的好朋友。这些哥们根本不相信，因为他们就是普通的工薪阶层，那些明星美女对他们而言更是遥不可及，因此这些朋友以为他在撒酒疯，异想天开呢。

这时候，这个朋友开始借着酒劲与朋友们较真，于是拿出手机，对朋友说：“不信，我可以微信呼叫一下杨幂。”那些朋友也想整一整他，于是就想看他的笑话。没想到，这位哥们当场给杨幂发了一个微信，随即，杨幂竟然回复了一个 6 秒钟的语音。杨幂在这个语音中声音甜蜜俏皮，听上去像一个撒娇可爱的女孩。语音是这样的：“好啦好啦，我收到了，还有呢？还有呢？”在场的人当时都信以为真，很显然这些人都被这个喝酒的哥们给“耍”了。

事实上，这就是杨幂的微信公众号，只是一句简短到 6 秒钟的语音，就瞬间吸引了100万的微信粉丝，如图8-19所示。很多人为了彰显自己与杨幂的“明星关系”，于是纷纷关注这个公众号，在朋友中“炫耀”，还有一大批杨幂的粉丝，关注杨幂的微信公众号，时刻关注杨幂的最新动态。

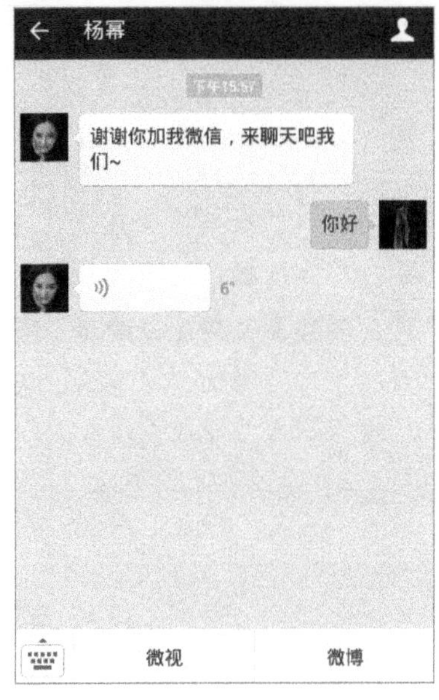

图 8-19 杨幂公众号 6 秒钟语音

在杨幂的微信公众号中，杨幂除了这句甜美的 6 秒钟语音之外，还有两个展现自己魅力的板块：微视和微博。用户可以点击这两个板块，观看杨幂最近的消息和动态，为自己的粉丝打气。

而杨幂有了这样一个微信公众平台之后，自己的新作品、动态，就可以第一时间发送到这里，让更多粉丝看到了解，为粉丝送上更多及时的福利。通过这种“甜蜜”的方式，杨幂的微信公众号平台不但有百万粉丝，而且这些粉丝大多是忠实粉丝，时刻为杨幂的作品和最新动态做宣传。

小贴士

娱乐圈里的明星、名人、企业想要通过微信公众号来获得粉丝，首先就应该以粉丝为主要核心，多给粉丝送去一些福利。只有粉丝得到了好处，才能为你更多地宣传和推广。

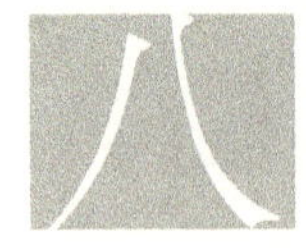

8.6 其他——微信影响的生活圈

我们生活中除了“衣食住行”之外，在细节方面还有很多需求和服务，比如通信、金融、旅游、快消品等，这些组成了我们的生活圈。在这个生活圈子里，各种类型的企业都有，随着互联网大数据的发展，企业之间竞争压力增大，如何利用个性化的营销来赢得市场和客户呢？微信公众号平台就是一个不错的选择。下面我们来看一下生活圈中其他被微信营销的企业。

» 8.6.1 北京联通：全流程微信服务

北京联通非常看重网上办理业务，作为本地服务行业，北京联通的这种想法的确非常有远见。几年前，在北京联通的各个实体专柜前，总是排满了很多用户，等待办理各种通信业务，比如电话、入网、宽带等。

但随着微信公众号的兴起，北京联通迅速接入微信公众平台，为用户推出了可以直接办理业务的平台。

一键绑定便捷服务

北京联通微信公众号的第一个便利就是进入微信公众号之后，只要进行身份绑定，就可以获得更多的便捷服务，如图 8-20 所示。用户可以根据提示输入北京联通手机号码，然后输入手机验证码，就能快速绑定北京联通微信，通过这个快捷通道来进行各种快捷服务。

图 8-20 北京联通一键绑定手机号码

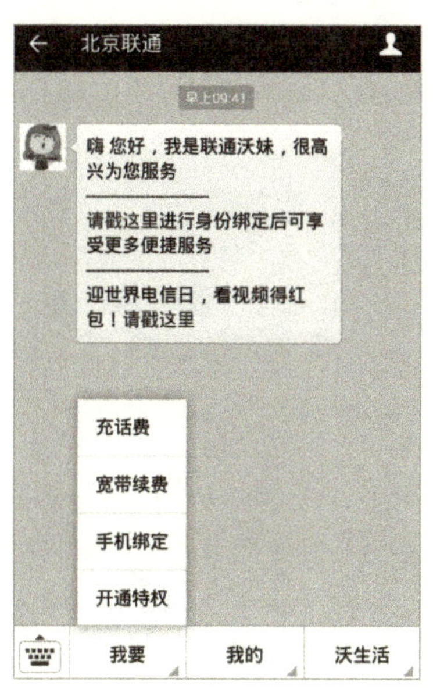

图 8-21 北京联通微信办理基本业务

全流程业务微信服务

用户在北京联通公众号上面，绑定自己的手机号码之后，就可以通过下方的导航菜单进行全流程业务操作。

如点击“我要”，就会出现充话费、宽带续费、手机绑定、开通特权等服务，用户想办理什么业务，直接点击即可办理，如图 8-21 所示。

在“我的”菜单中，还能查询话费、查询手机号码套餐内容、宽带查询等，让用户对自己的业务情况有一个详细的了解。

在“沃生活”中，北京联通还为用户推出了各种促销、优惠活动，比如一键转为 4G、优惠大礼包、新机特惠、智慧沃家等服务。

而且北京联通还定期为用户送上各种联通优惠大礼包等活动信息，用户可以通过北京联通公众号第一时间收到信息。

有了微信公众号之后，北京联通实体店排队办理业务的人减少了，很多业务升级、续费、交话费、办理新号码等业务都可以在微信平台办理。这对企业来说不但提高了办事效率，更获得了用户的认可，对北京联通品牌形象也是一个提升。

» 8.6.2 中国银行北京分行：从微信客服到微信银行

微信作为当前最火热的移动网络平台之一，在营销方面的运用也非常普遍。不只是“衣食住行”等企业需要微信来营销，就连枯燥无味的金融行业也跨入了微信营销的行列。有了微信公众号平台之后，在粉丝眼中金融行业也变得不那么枯燥无味了，微信这个有趣味的平台让金融业务变得妙趣横生起来。

说到金融行业使用微信营销的案例，其中最为值得一提的就是中国银行北京分行这个公众平台。从最开始在微信公众号中提供服务开始，中国银行北京分行就已经聚集了大量的忠实粉丝。

微信客服最先吸引人

在一开始，中国银行北京分行在微信公众号中为用户提供的是简单的查询服务以及客服咨询。用户可以通过客服一对一与银行进行互动，从而了解更多的业务以及投资理财的各种详细信息。

人们对这个有问必答的微信客服非常感兴趣，它为用户节省了去专柜咨询和办理的时间，而这个服务也为中国银行北京分行的微信公众号带来了很多忠实的客户，这些客户在感受到了企业客服的热情之后，也会向其他的小伙伴、粉丝宣传。因此该银行通过微信客服率先激发了粉丝的热情。

变身用户掌上银行

中国银行北京分行通过客服征服了用户之后，随着微信的升级发展，也逐渐为用户提供更多的服务和办理业务。银行与微信公众号成功连接，打通业务上的融合，实现了一体化的流程服务。因此，中国银行北京分行在微信中成为用户的掌上银行。只要用户在微信公众号中绑定自己的银行卡，就可以实现更多的业务办理和查询。

例如在“信用卡”导航栏中，有5个菜单，分别为我要办卡、推荐办卡、身边优惠、出境优惠以及贴心服务。用户可以在这个环节中，通过微信公众号来轻松办理一张信用卡，并且还能享受更多的境外优惠等服务，如图8-22所示。

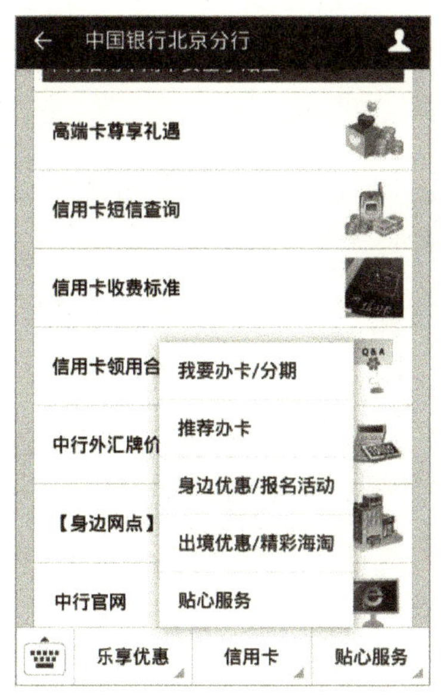

图8-22 中国银行北京分行“信用卡”服务

在“贴心服务”中，中国银行北京分行还为用户提供了微商城、预约服务、理财咨询、周边网点、掌上服务等流程。任何一种方式都可以让粉丝获得意想不到的惊喜优质服务。

中国银行北京分行通过这些服务和细节上的咨询获得了粉丝的一致认可，也让这个公众号理所当然地成了用户的掌上银行。因此金融企业务必要学习中国银行北京分行的做法，让枯燥无味的金融行业通过微信变得妙趣横生，让粉丝主动关注并且使用公众号办理业务。

» 8.6.3 去哪儿网：呼叫中心式微信客服

旅游行业是一个正在崛起并且迅速变热的行业，随着人们经济水平的提高，越来越多的人喜欢旅游，而旅游也顺势成为了热门行业。热门行业的营销很多时候不需要太多的营销技巧，就能推广出去。但是旅游行业不一样，面对各种大大小小的旅行社、旅游机构、旅游网，旅游行业必须实行一种非常“保险”的营销方式，而微信公众号则是最佳选择。

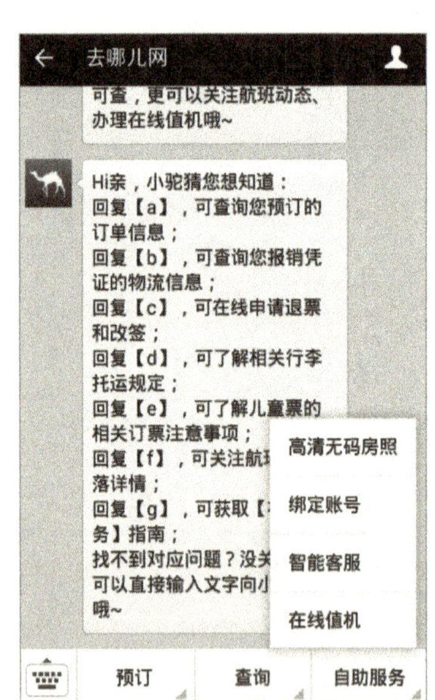

图 8-23 去哪儿网自助服务界面

去哪儿网是一个旅游网站，在微信公众号还没有兴起的时候，人们订机票、选择旅游产品大都会去网上查询、办理或者打电话办理。这样不但不方便，而且对用户来说，可能会因为对某些旅游产品不了解，从而错失旅游良机，而去哪儿网的微信公众号，则解决了这一问题。

去哪儿网的微信公众号的最大特点就是服务，而呼叫中心式的微信客服也深得人心。

打开去哪儿网公众号，点击“自助服务”，会出现一个菜单，里面有高清无码房间照片、绑定账号、智能客服以及在线值机服务，如图 8-23 所示。

该自助服务就如同呼叫中心，用户所有的问题，都可以在这里得到解决。例如点击“智能客服”，会出现众多与字母相对应的问题查询和咨询。比如回复【d】，可以了解相关行李托运规定。用户想要咨询哪类问题，就可以直接回复字母即可。

而如果你找不到对应的问题，还可以在微信公众号平台中输入你想要了解的内容或者咨询的问题，去哪儿网的客服“小驼”就会直接人工客服回复你。比如我们输入“青岛飞机航班”，去哪儿网则快速给出回复机票购买的链接，如图 8-24 所示。

这种呼叫中心式的微信客服，让更多用户对去哪儿网这个微信平台有了深深的依赖性，同时也为去哪儿网带来更多粉丝。

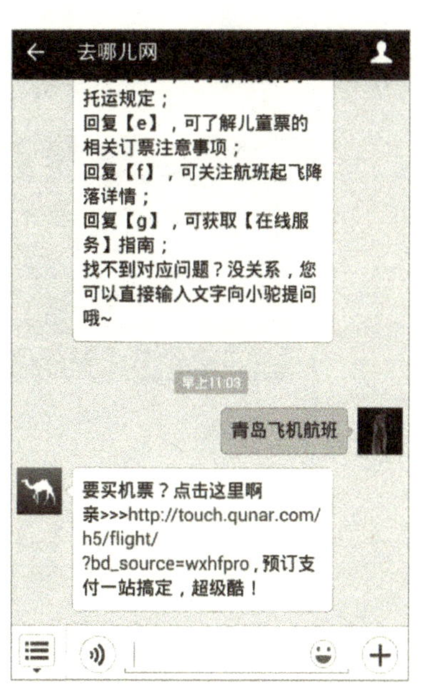

图 8-24 去哪儿网人工客服界面

» 8.6.4 南航：只做沟通和服务

中国南方航空公司在民众心目中是最信得过的航空公司之一，而在微信公众号的运营中，南航也是领跑者。为了更好地满足用户的需求，南航开通微信供公众号的意义在于能够让用户可以通过微信与企业进行良好的沟通，同时还能在这个平台中快速掌握航班动态、查询里程、轻松购买机票、选择座位等服务。

因此在南航的微信公众号中，体验大于一切，与用户的沟通和给用户提供的服务可以让更多的粉丝对南航产生依赖。

打开“明珠会员”的菜单，会看到很多服务，其中人工客服和更多服务是最重要的服务菜单。用户可以绑定会员账号，加入明珠会员俱乐部，随后就可以通过微信平台与企业进行一对一沟通，南航的人工客服可以满足用户的任何要求，回答有关问题。

在“更多服务”中，南航为用户提供的则是更为完全的服务，如乘机人管理、会员手册、明珠商城、红包里程入账等，如图 8-25 所示。

南航在微信公众号中的服务是最有名的，首先从航班服务来说，点击“航班服务”，出现的是一系列关于航班内容的服务，比如机票预订、我的订单、航班动态、办登机牌等详细服务。在预订机票服务中，南航更是为粉丝推出了语音查询航班服务，用户只要语音回复出发城市和目的城市就可以查询到结果，如图 8-26 所示。

图 8-25 南航“更多服务”界面

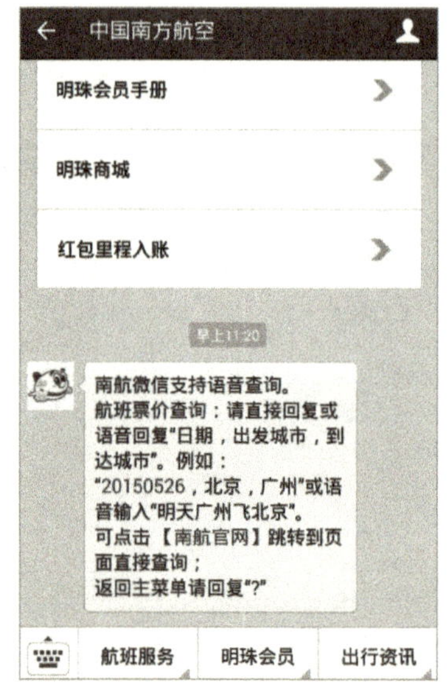

图 8-26 南航推出语音查询航班服务

南航还为用户提供了更详细的出行向导服务，在这个服务中，用户可以选择城市地点，然后查询当地的更多详细情况，比如城市简介、天气、交通、地铁。当然还包括该城市机场的更多信息，如图 8-27 所示。

有了这些详细的服务，南航公众号的每一个粉丝，都可以在这个公众号中得到自己想要了解的信息。这样就对粉丝出行和乘飞机带来更大便利，而给用户带去服务和便利也恰恰是南航微信公众号的最大目的。

图 8-27 南航微信出行向导服务

» 8.6.5 珀莱雅：市场营销微信化

珀莱雅是一个知名化妆品品牌，在微信营销中，珀莱雅有它独特的方式，甚至在化妆品行业内形成了一枝独秀的局面。

化妆教学与销售一体化

珀莱雅在微信公众号的一个特殊做法就是将化妆品的销售与彩妆教学结合在一起。珀莱雅没有直接在微信中向粉丝推送自己的热销产品或者新产品，而是采用了开通彩妆课的方式，吸引用户来观看、学习，在这个过程中，用户会对珀莱雅的产品感兴趣，进而来购买其产品。

例如珀莱雅在某个信息中推出“亚洲美容大王小 P 老师，倾力打造海洋系妆容”课程，这是一个视频，该彩妆老师在视频中详细地为模特化妆，短短的3步法就让一个普通的女孩焕发出海洋的湿润气息，不但肤色变得滋润亮泽，而且整个色彩搭配也非常时尚流行。

相信用户在看完这个视频之后会对这个化妆课感兴趣，同时对这简单的3个步骤感兴趣。这时候珀莱雅在内容中，也自然而然地凸显出小P老师使用的珀莱雅彩妆产品，并且将三个步骤法则呈现给用户，给用户一种便利购买的流程，如图8-28所示。

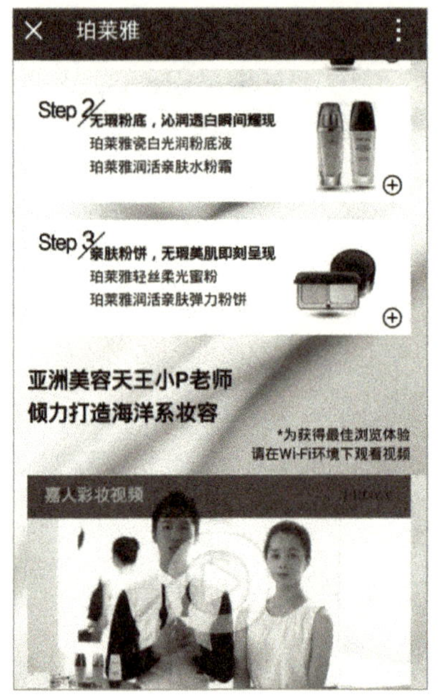

图8-28 珀莱雅加入教学来变相推广产品

引用明星光芒吸引粉丝

珀莱雅还抓住了粉丝对明星的追捧心理，在微信公众号中积极发挥明星的光芒作用，以此来吸引用户。珀莱雅公众号中有一个“巨星光芒”的环节。点击这个板块，会看到珀莱雅为用户送上的明星使用珀莱雅参与各种红毯发布会等场合的图片。

如 2015 年 5 月下旬法国戛纳电影节开幕，珀莱雅就在这个时期，为用户推出了戛纳明星光芒。如“珀莱雅携手章子怡，闪耀戛纳影展”内容，如图 8-29 所示。

图 8-29 珀莱雅“明星光芒”微信营销

在这些明星的光芒下，粉丝对珀莱雅更多了一份憧憬，从而对珀莱雅的产品销售有很大的帮助。

微信活动精彩不断

珀莱雅在公众号中经常将一些营销方式趣味化，很多促销优惠活动，在珀莱雅这里变得精彩有趣味。2015 年 5 月，珀莱雅在微信公众号中推出了“妇女保护伞”活动。珀莱雅在微信公众号中开启了珀莱雅联合国妇女署宣传大使招募令的测试。用户可以在微信公众平台输入自己的信息参与招募，如图 8-30 所示。

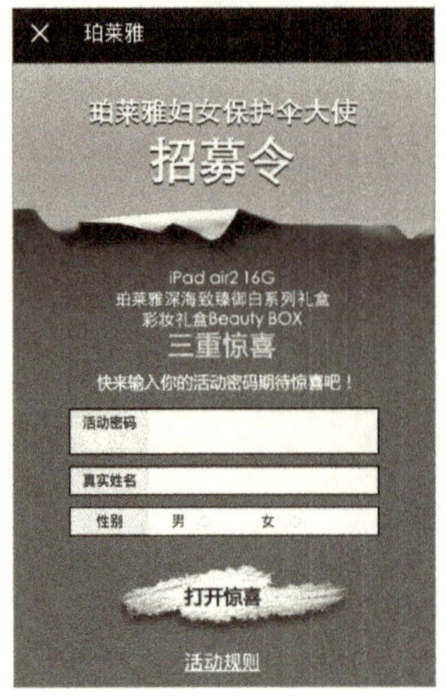

图 8-30 珀莱雅"妇女保护伞"精彩活动

参与的用户有机会成为珀莱雅联合国妇女署的宣传大使，共有 12 个名额。没有选中的用户，只要参与就有机会进行抽奖，奖品包括 iPad、珀莱雅礼盒套装等。

这个活动不但有趣味，而且还有奖品可以抽取，因此对粉丝来说，有很大的吸引力，激发了很多用户积极参与，同时也在朋友圈中扩大了珀莱雅的品牌影响力。

在珀莱雅的微信公众号中，类似的趣味精彩活动还有很多，正是这些趣味性的活动深深吸引了忠实粉丝的加入，让珀莱雅在微信公众号中的营销越来越成功。

小贴士

生活圈中，企业的微信公众号更应该注重为用户提供服务，服务好了，自然就会吸引粉丝，后续的市场营销才会水到渠成。切忌在微信公众号中直接销售产品，或者不予理会用户的心理需求。